AI時代の進路の選び方

「文系？」「理系？」に迷ったら読む本

Kaoru Takeuchi
竹内薫

心の友だち

PHP

はじめに

2020年度から、大学入試が変わります。

現行の大学入試センター試験が廃止《はいし》され、「大学入学共通テスト」に移行することは、みなさんもすでにご存じだと思います。さらにそのあとも、大学入試は段階的に変わり、それにあわせて高校での学びも変わっていく見込《みこ》みです。

なぜ、いま、入試や学校教育を変えるのかといえば、時代が大きく変わろうとしているからです。これから、世の中は急激に、大きく変わります。そこで生き残っていける人を育てなければならないからです。

しかし、新しくなっていくはずの大学入試において、ずっと以前から変わらずに残っているものがあります。それが「文系」「理系」という区分けです。

私は『理系バカと文系バカ』（PHP新書）という著書で、人間を文系と理系の2種類に色分けすることの無意味さについて書きました。文理の垣根《かきね》を超《こ》えたバランスのよい知性が、これからはますます求められるようになります。文系、理系という区分けは、もはや時代遅《おく》れといっていいでしょう。

にもかかわらず、みなさんは大学受験にあたり、自分は文系なのか、理系なのかを選ばなければなりません。

「自分が文系と理系、どちらに向いているのかわからない」

「数学が苦手だから文系だと思っているけど、それでいいのかな」

「将来のためには、どちらを選ぶのが正解なんだろう」

そんなふうに悩《なや》み、迷っている人も多いのではないでしょうか。

私は子供のころからサイエンスが好きで、大学院では物理学を専門的に勉強しました。しかし、理系一本道を歩んできたわけではありません。

高校卒業後に進んだのは東京大学文科一類で、大学卒業後に留学したカナダの大学院では、当初は哲学《てつがく》を学んでいました。そして結果的にサイエンス作家となり、理系の世界のことを、文系を含《ふく》むたくさんの人にわかりやすく伝えることを仕事にしています。

この本では、そんな私の経験もふまえつつ、みなさんが「文系か？」「理系か？」の選択《せんたく》で悩《なや》んだとき、どう考えればいいかについてお伝えしていこうと思います。

第1章では、文系、理系選択《せんたく》の手がかりとして、これからいったいどんな世の中になるのか、そこで生き残れる人になるには何を学べばいいのかについて、くわしくお話しします。

それをふまえて、第2章では学部の選び方を、第3章では文系、理系それぞれの大学受験で必要な科目や受験勉強のポイントを、具体的にお伝えしていきます。そのなかで、文系、理系に代わる、これからの時代に即《そく》した区分けとして、「コンピュータ系」や「グローバル系」といったキーワードも提示します。

みなさんには無限の可能性があります。いま文理の選択《せんたく》をしなければならないとしても、ずっとそれにとらわれて生きる必要はありません。行きたい大学も、将来の夢も、一つに限定しなくていいのです。第4章では、そのことに気づいていただけたらと思います。

この本があなたにとって、幸せな道を見つける助けとなれば幸いです。

竹内 薫《かおる》

目次

「文系?」「理系?」に迷ったら読む本

第2章
15年後に生き残るための学部選び

第3章 文系・理系の大学受験攻略法

第4章 夢は一つじゃなくていい

第1章 文系・理系の区分けは、もう意味がない

文系か、理系か？ なぜ、決められない？

「あなたは文系ですか？　理系ですか？」

みなさんの多くは、高校1年生でこの問いに直面するはずです。大学受験の志望にあわせて、ほとんどの高校では2年生から文系と理系のコース別クラスとなるため、1年生でどのコースに進むかを決めなければなりません。

つまり、高校に入学して間《ま》もないうちに、大学のどの学部に進むかを決めなければならないのです。

日本では、大学入学の時点で法学部や工学部といった学部に分かれますが、じつは、これは世界共通のことではありません。

欧米《おうべい》では、多彩《たさい》な学問を幅広《はばひろ》く学ぶリベラルアーツ、すなわち教養教育が重視されています。大学ではゆっくり教養を学び、大学院レベルで医学や法学など専門の学びを始めるのが一般的《いっぱん》です。

なぜ、あえて大学で4年間もの時間を教養教育に費やすのでしょうか。それは、自分がどんな専門分野に向いているかは、いろいろなことをある程度深く学んだうえでなければ判断できないからだ、と私は考えています。

ところが、日本の現行の教育システムでは、大学受験のときにその判断を迫《せま》られます。

たとえば、なぜ経済学部を選ぶのか。本来、その選択《せんたく》にいたるまでには、経済学も含《ふく》めてさまざまな学問の基礎《きそ》をひと通り学んでおく必要があるはずです。でも当然ながら、高校ではそのような教養を学ぶ時間も機会もありません。

日本の高校生は、何の判断材料もなく、向き不向きもわからないまま、ただ漠《ばく》然《ぜん》としたイメージだけで自分の専門を決めなければならず、そこでまず文系か理系かの岐路《きろ》に立たされることになります。

それは不合理なことです。もし、あなたが文系と理系の選択《せんたく》で迷っているとしたら、当然のことだといえるでしょう。

Point!

大学受験のときに進む学部を決めるのは不合理

なぜ、文系・理系の区分けがあるのか？

そもそも、学問の文系・理系という区分は、私たち日本人にはごく当たり前のことになっていますが、世界共通の概念《がいねん》ではありません。

小学校の次は中学校、高校があって、学年がありクラスがあり、国語や算数などの科目があってという、現在、世界じゅうで行われている標準的な教育システムでさえ、人類普遍《ふへん》のものではなく、日本では明治時代以降の、ここ１５０年ほど適用されているにすぎません。

現在の教育システムは、19世紀にプロイセン（１８７１年以来、ドイツ帝国《ていこく》の中核《ちゅうかく》を形成したプロイセン王国のこと）で始まったとされています。ナポレオン戦争（1796〜1815年）での屈辱《くつじょく》的な敗北をきっかけに、プロイセンは軍隊の質を高めるため、命令を的確に理解し実行できる、均一な知力を備えた兵士を養成する教育システムを整えたのです。

このシステムが、産業革命を経て均一な学力を有する労働者を大量に養成しなければならなかったアメリカをはじめ、世界各国に広がっていきました。日本では明治維新《いしん》後に、このプロイセン式の教育システムが導入され、教育制度の整備を急ぐ必要がありました。そこで、実験などの設備が必要である医学や工学、理学といった学問を「理系」とし、それ以外の法学や経済学、文学などの学問を「文系」として区別したとされています。日本ではこの区分けが非常に強く根づいています。

そして日本は、プロイセン式の教育システムを強化させてきました。知識を大量に覚えさせ、それを覚えているかどうかを試験で測る、世界一厳格な教育システムをつくりあげたのです。

機械工業が始まった第1次産業革命、電力と石油の活用によって大量生産が可能になった第2次産業革命、そして現代のエレクトロニクス（電子工学）とコンピュータの発達で生産の自動化が進んだ第3次産業革命までは、この教育システムはきわめて有効でした。しかしいま、第4次産業革命の急速な進行にともない、それが役に立たなくなるという局面を迎《むか》えています。

プロイセン型の画一教育では、これからは生き残れない

これからは人間の仕事の半分がなくなる!?

いま、第4次産業革命によって社会が大きく変わろうとしています。人工知能（AI）やロボット、インターネットにあらゆるものがつながるIoT（モノのインターネット）により、産業のデジタル化や効率化が今後さらに進んでいくと考えられています。

それは、ごく簡単にいえば、いろいろなことを人間がやらなくていい時代になるということです。

たとえば、自動車がインターネットにつながり、AIがインターネットや

ＧＰＳ（全地球測位システム）経由で情報を取り込《こ》みながら、自動運転をするようになれば、人間が運転する必要はなくなります。自動車の完全自動運転は、これから数年のうちに実用化されるともいわれています。

つまり、人間が行っているさまざまな仕事は、ＡＩや、それを搭載《とうさい》したロボットにとって代わられることになるのです。10〜20年後には、いま存在している仕事のおよそ半分は、人間が行わなくなるという試算も出ています。

ですから、みなさんがいまやりたいと考えている仕事があるとしても、社会人として活躍《かつやく》するころには、その仕事はなくなっているかもしれないのです。

前項《ぜんこう》で述べたように、プロイセン型の教育システムは、命令を理解して、それを着実にこなせる労働力を大量に育成するためのものでした。

しかし、そのような労働力が求められていた仕事、たとえば工場での製造作業、企業《きぎょう》や役所での事務作業、会計計算などは、すべてＡＩやロボットが行うことになります。

ＡＩの暗記能力は、人間とは比較《ひかく》になりません。知識を大量に効率よく覚えさせ、それを試験で確かめる教育システムは、もはや意味をなさなくなりつつあるのです。

時代遅《おく》れになっている教育システムを改革する動きが、いま世界じゅうで進んでいます。日本でも、２０２０年度に第１段階の大学入試改革が行われるのを手はじめに、今後、受験や教育のシステムが大きく変わっていく見込《みこ》みです。いまはその過渡期《かとき》にあるのです。

Point!

いまやりたい仕事は10年後にはなくなっているかも

人工知能の到来《とうらい》で、こんな仕事は消える

これからは、単純作業や、決まったことを行うルーティンワークは、ほとんどがAIやロボットにとって代わられます。

たとえば、スーパーマーケットやコンビニエンスストアのレジは、すでに無人化が始まっています。2018年に、アマゾン・ドット・コムが、レジに人がいない無人コンビニの1号店をアメリカのシアトルでオープンしました。

しくみは、QRコードを表示させたスマホを店舗《てんぽ》入り口の機器にかざして入店すると、あとは商品を手に取るか、ショッピングバッグに入れて店を出るだけで

支払《しはら》いが終わるというものです。

ＡＩが、カメラやマイク、センサーなどで店内にいるお客の動きを解析《かいせき》し、商品の代金を自動的に計算するわけです。今後は世界じゅうで、このような店舗《てんぽ》が増えていくと思われます。

前項《ぜんこう》でふれたような自動運転の実用化により、運転手の仕事もなくなっていくでしょう。バスやトラックなど、決められた経路を走る場合はもちろん、タクシーもいずれ無人になっていくと予想されます。

いまは車を所有せず、好きなときに気軽に車を借りられるカーシェアリングサービスを利用する人が増えています。その車が自動運転になれば、さらに便利になります。自分の車をもっていなくても、所定の駐車場《ちゅうしゃじょう》に行って車に乗り込《こ》み、行き先を入力すれば、あとは自動で連れていってくれる——そんなカーシェアリングとタクシーが融合《ゆうごう》した新しいサービスが生まれることも考えられます。

日本では超《ちょう》難関資格の一つといわれる公認会計士の仕事もなくなるといわれており、アメリカではすでに公認会計士の失業が始まっています。なぜなら、ＡＩの会計ソフトを使用して会計処理ができるのであれば、企業《きぎょう》も高い給料を払《はら》って会計士を雇《やと》うより、会計ソフトを買うほうがはるかに安上がりだからです（コンサルタント業務に長《た》けた会計士は、逆に引っ張りだこになるといわれています）。

企業《きぎょう》や役所では今後、事務作業の自動化がさらに進み、それによって余った人員が整理されていくでしょう。大きな組織に勤めて一生安泰《あんたい》だと思っていたら、明日にでも「もうあなたは要りません」と宣告されるかもしれないのです。そんな大変な時代が、すぐそこまできています。

今後20年でなくなる仕事をチェックしておこう

いまは存在していない仕事が新たに生まれる

一方で、ＡＩの進化と普及《ふきゅう》が進むことにより、新たな仕事が出現することも予想されます。

たとえば、企業《きぎょう》でデジタル関連の事柄《ことがら》を統括《とうかつ》する部門や、その責任者です。企《き》業《ぎょう》のあらゆる部門にＡＩやコンピュータが深くはいりこみ、人間のかわりに仕事を行うようになれば、当然、それらを管理統括《とうかつ》する存在が必要になります。

現在でもＩＴ関連の企業《きぎょう》などには、導入するＩＴシステムをすべて統括《とうかつ》するＣＴＯ（チーフ・テクノロジー・オフィサー＝最高技術責任者）と呼ばれる役職が存在します。今後は業種を問わず、すべての企業《きぎょう》で、そうした存在が不可欠となるはずです。

また、AIが職場にはいってくることによって、働く人たちはいままでにない種類の精神的ストレスにさらされます。AIという新しい同僚《どうりょう》がやってきて、職場のいろいろな仕事を奪《うば》っていく、次は自分の仕事が奪《うば》われるのではないか……。

そんな不安やストレスを抱《かか》えた人のメンタルケア（精神面の援助《えんじょ》や介護《かいご》）を行う、専門のセラピスト（心理療法《りょうほう》などを行う人）の需要《じゅよう》が高まることも予測されます。

それから、AI農業も普及《ふきゅう》していくでしょう。2018年に、日本版GPSをめざす測位衛星「みちびき」の本格運用が始まりました。これにより、取得できる位置情報の誤差は、一般《いっぱん》的なGPSが約10メートルであるのに対して、専用の受信機を使えば10センチメートル程度まで縮められるようになります。

これを活用することで、AIによる農機具の自動運転が可能になります。AI

による農業の無人化は、農業の担い手がいないという深刻な課題の解決にもつながります。

ただ、そうしたことが実現しても、ＡＩをコントロールする人は必要ですから、その技能をもつ人が、農家から無人農業を請《う》け負うといったビジネスが生まれてくるはずです。

建築現場で使われている重機も自動化が進みますが、同時に、その重機を管理して動かす仕事が出てきます。ＡＩによって人間の仕事がなくなっていく一方、そのＡＩを使う人間の仕事が増えていくということです。

Point!

AIを管理する側にまわれば、仕事はいくらでもある

プログラミング＋数学力で無敵になれる

ここまで述べてきたように、ＡＩができることを仕事にしている人は、これからの世の中では生き残れません。生き残るためには、「ＡＩを使いこなす側にまわる」か「ＡＩにできないことをする」という2つの道しかないのです。

ＡＩはプログラムによって動いています。ＡＩを使いこなす人間になるには、プログラミングを身につける必要があります。プログラミングは、これから社会で仕事をしていくうえで必須《ひっす》の技能です。

今後は、プログラムを書けない人が就職するのは難しくなるでしょう。簡単でもプログラムが書けるということが、いままでいえば「ワード」や「エクセル」を使って文書や図表作成ができるのと同程度の技能として求められると考えてください。プログラミングは2020年度以降、学校教育でも必修化される見込《みこ》みです。

いま、すでに塾《じゅく》などでプログラミングを習っているという人も多いかもしれませんが、重要なのは、プログラミングだけを勉強することには、じつはそれほど意味がないということです。

コンピュータプログラムは、数学を表現する手段です。プログラミング言語とは、それを使ってコンピュータ上、あるいはインターネット上で数学を表現するためのものにすぎません。

ということは、数学を勉強せずにプログラミングだけを勉強すると、言語だけを知っていて、それを使って「何を書くか」はまったく知らない状態になります。

それでは、指示されたものをただ書くだけの仕事しかできないということです。

ときおり、現役のプログラマーが、「プログラミングを仕事にしても、そんなにいいことないよ」とつぶやくのを耳にすることがあります。そういう人は、少々《しょうしょう》きつい言い方になりますが、おそらく数学力がそれほど高くないのだろうと思います。

数学力のある一流のプログラマーには、アメリカのメジャーリーグの野球選手よりも高額の報酬《ほうしゅう》を得ている人がめずらしくありません。そういう人が全世界に大勢いるようです。

今後の世界を切り開くために必要なのは、数学です。とはいえ、ただ数学だけを勉強したのでは、数学者になるしかありません。しかも、それで身を立てていける人は限られています。

数学を究めたうえで、それをプログラミングで表現できれば、いくらでも仕事につくことができます。高等数学を使いこなせて、自由自在にプログラミングができ、しかも熱心に働いてくれるなら、引く手あまたといえます。

インターネットの検索《けんさく》エンジン「グーグル」がはじめて登場したとき、世界じゅうが驚《おどろ》きました。あの検索《けんさく》エンジンは、数学のアルゴリズム（問題を解く手順を定式化したもの）によってできています。それをプログラミングしてインターネット上で使うことが可能になったからこそ、爆発《ばくはつ》的に利用されるようになり、グーグルはあれほどの巨大《きょだい》企業《きぎょう》に成長したのです。

数学とプログラミングの能力が結びつくことで無敵になります。どちらか一方ではなく、両方を備えてこそ、ＡＩを使いこなす側の人間として生き残っていくことができるのです。


Point!

今後を切り開くためには、やはり数学が必要

コミュニケーション力を磨《みが》けば生き残れる

では、数学が苦手な人は、どうすればいいのでしょうか。

いまある仕事のなかで、AIの時代になっても残る仕事があります。それは、人間どうしのコミュニケーションにかかわる仕事です。

具体的には、学校の先生や保育士、医師や看護師、セラピストなどです。たとえAIやロボットが進化しても、学校でロボットが子供たちに勉強を教えるということにはなりません。

人間は、やはり人間から教えてもらいたいからです。子供たちの心情を汲《く》み取りながら、きめこまやかな指導をすることは、いまのところロボットには不可能です。

保育士についても同様です。自分の大切な子供は、信頼《しんらい》できる人間の保育士に世話をしてもらいたいと思うものです。

ただ、医療《いりょう》の仕事では、たとえば病気診断《しんだん》などにはＡＩの活用が進むと考えられます。でも問診《もんしん》で患者《かんじゃ》の病状を把握《はあく》し、適切な治療《ちりょう》法を提案して患者《かんじゃ》の理解を得ながら治療《ちりょう》を進めていくには、高いコミュニケーション能力が必要です。それは人間の医師でなければ行えないだろうと思います。

また、企業《きぎょう》におけるマネジャーという職種も、なくなることはないといわれています。マネジャーは組織を統合し、管理する立場の人です。一般《いっぱん》的には、部長や課長といった役職がこれにあたります。

マネジャーは、端的《たんてき》にいえば人間をマネジメントする仕事です。業務が円滑《えんかつ》に進むように、組織内の人間関係に気を配って調整したり、顧客《こきゃく》からのクレームなど、人間的な感情にかかわる問題に臨機応変に対応したりすることが求められます。

会社の事務員さんがロボットに置き換《か》わることはあっても、マネジャーがロボットになることはないでしょう。コミュニケーション力を磨《みが》き、その能力が必要とされるようになるのも、生き残る道の一つといえます。

Point!

数学が苦手なら、コミュニケーション力を磨《みが》いておこう

経済学は、文系なのか？理系なのか？

私立大学の文系学部で最難関といわれる早稲田《わせだ》大学政治経済学部の入試で、2020年度から数学が必須《ひっす》科目として課されることになりました。

現在、ほとんどの私大文系学部の入試は、数学なしで受験することが可能です。それを必須《ひっす》化するこの動きは、「今後は経済学においても、数学力がますます不可欠になる」ことを示すものと私はとらえています。

経済学部は日本では文系に分類されていますが、私の感覚では経済学はむしろ理系的な色合いの濃《こ》い学問です。統計やデータの分析《ぶんせき》には、数学的な手法が欠かせません。いまや金融《きんゆう》業がコンピュータとプログラミング抜《ぬ》きにはまったく成り立たなくなっていることが、その証《あかし》です。

また、今後は、仮想通貨がさらに広がっていくと考えられます。仮想通貨はインターネット上で利用可能な、暗号化された電子的な通貨で、「究極のプログラミング」ともいえるものです。

通常の通貨は、日本銀行のような、その国や地域の中央銀行が発行します。しかし、仮想通貨の発行には中央銀行は無関係で、それどころか発行権をもっている特定のだれかがいるわけでもありません。

では、どのようにして仮想通貨が発行されるのかというと、インターネット上に多数存在する、通貨の取引を記録した台帳の整合性をチェックする「マイニング」と呼ばれる作業を行い、それを成功させた人に発行されるのです。

マイニングは、膨大《ぼうだい》な計算作業です。特殊《とくしゅ》なソフトを使って、たくさんのコンピュータをつないで、とてつもない計算力で計算をした人に仮想通貨が発行されるのです。

つまり、お金は、プログラムを書いて走らせると出てくるということになります。お金そのものの正体がプログラムであるともいえます。

では、そのプログラムを書いている人は、はたして「理系」でしょうか。それとも「文系」でしょうか。

もはやどちらでもありません。要するに、そのプログラムを書くことができさえすればいいのです。その人が学んでいることが経済学であろうが、計算機科学であろうが、まったく関係ありません。

マイニングの計算作業の対象となる、通貨の取引記録をまとめたものは「ブロック」と呼ばれ、その連なりが「ブロックチェーン」です。今後は、このブロックチェーンのしくみを理解していなければ、銀行などに勤めることも、企業《きぎょう》を経営することもできなくなるでしょう。そして、そのしくみは数学です。

企業《きぎょう》の会計・財務の最高責任者であるCFO（チーフ・ファイナンシャル・オフィサー）は今後、仮想通貨を扱《あつか》えることが必須《ひっす》となります。そうなると、前述のCTOがCFOを兼務《けんむ》するパターンが増えるのではないか、と私は見ています。コンピュータがわからない財務責任者はありえない時代となっているのです。

文系・理系という区分けは、もはや意味をなさなくなっています。にもかかわらず、大学受験においては、その区分けが存在しているのが現状です。

数学ができない人は、銀行員にも経営者にもなれない

暗記型で合格しても、いつか失業する

現在行われている受験勉強は、基本的に暗記型の学習です。歴史の年号も、数学や物理の公式も、とにかくすべて丸暗記します。暗記が得意だという人は、いまの受験ではとても有利です。

しかし暗記型の勉強しかしていない人は、残念ながら、今後は生き残れません。受験勉強をして必死にいろいろなことを暗記し、試験に合格して大学にはいり、大学でもきちんと単位をとり、会社の採用試験をクリアして就職しても、5年もたてばその仕事がなくなってしまうリスクがあるからです。

　これまでお話ししてきたように、単純な知的労働はすべてＡＩに代替《だいたい》されるときがやってきます。

　では、単純労働しかできない人はどうなるのでしょうか。専門家による予測は非常にシビアです。そのような人は失業を余儀《よぎ》なくされるでしょう。

　企業《きぎょう》がＡＩを導入して、それまで働いていた人の仕事を取り上げるのは、ＡＩにやらせるほうが断然コストが低いからです。グローバル企業《きぎょう》が国際的な市場で競争力を維持《いじ》するためには、ＡＩの導入によるコスト削減《さくげん》が不可欠です。

　そうなれば当然、大勢の人が失業します。しかも厳しい大学受験を突破《とっぱ》した、優秀《ゆうしゅう》なはずの大卒者がそうなるといわれても、ピンとこないかもしれません。

　でもアメリカでは、１９９０年代から中産階級の実質賃金が落ち込《こ》みはじめたのです。すでに20年ほど前から、大学を出て会社勤めをしている人の仕事が安泰《あんたい》ではない時代にはいっていたわけです。

社会変化の波がアメリカよりも10年ほど遅《おく》れてやってくる日本でも、すでに同様の兆候が現れていると考えられます。

完全暗記型で一生懸命《いっしょうけんめい》勉強し、いい点数を取れたとしても、そのスキルはもはや社会に通用しません。生き残っていくには、学び方そのものを変える必要があるのです。

Point!

暗記型の勉強しかしていない人は、将来生き残れない

探究すれば、受験も将来も勝ち残れる

突然《とつぜん》ですが、みなさんは2次方程式の解の公式をいえますか。中学校の数学で習っているはずなので、高校生ならほとんどの人がいえると思います。ところが、同じ質問を大人にすると、ほとんどの人が口ごもります。

絶対に一度は覚えたはずなのに、なぜ、大半の人が忘れるのでしょうか。それは、試験のために覚えたからです。解の公式を使うことを目的に覚えたわけではなく、試験で解答することを目的に覚えたから、試験が終われば忘れてしまうのです。

一方で、少数とはいえ、覚えている人もいます。その人たちはおそらく、知らず知らずのうちに2次方程式の解の公式を「探究」していたはずです。

探究とは、ある課題について、深く掘《ほ》り下げていくことです。2次方程式をあれこれといじりまわしていると、解の公式を暗記しなくても、そこに自力で到達《とうたつ》することができます。

具体的には、2乗のかたちをつくりだす「平方完成」という方法を使えば、2次方程式の解の公式にたどりつくことができます。平方完成を忘れた人は、ぜひこの機会に調べてみてください。

こうした探究は、ひとりで行うのは難しいので、先生による適切な導きが必要ですが、重要なのは2次方程式の解の公式をただ暗記するのではなく、自分自身でそれを発見することです。

知的好奇心《こうきしん》に動かされて探究し、何かを発見するプロセスは、とても楽しいものです。そして、自分で探究して発見したことは忘れません。たとえ忘れたとしても、再度同じプロセスで導くことができます。

「2次方程式の解の公式を導きなさい」という問題は、実際に高校入試でも出題されています。それは公式を丸暗記するのではなく、自分でそれを発見できているか、すなわち探究できているかを問うているのです。

ただ、こうした問題が入試で出題されるとなると、対策として、受験勉強ではその導き方を丸暗記することが行われます。でもそれは、出題者側の意図からすれば本末転倒《ほんまつてんとう》です。

これからの社会で仕事をやっていける人になるために、みなさんが始めなければならないのは「探究」なのです。

探究したことは忘れにくいということだけが、その理由ではありません。つねに自分で探究し、発見することをくりかえし勉強してきた人は、ある知識や技能が役に立たなくなったとしても、別のことをどんどん探究することができます。それこそが時代の変化に適応する力といえます。ですから、探究は一生続けていく必要があるのです。

暗記型学習から探究型学習へ――。

これがいま、世界的に進められている教育改革の方向性です。日本でも、高校で探究型の授業を導入する動きが進んでおり、それにあわせて、今後は大学入試もみずから考える力を問うものに変わっていく見《み》込《こ》みです。探究する姿勢を身につけておくことは、大学受験においても有利になるといえます。

Point!

自分で深く掘《ほ》り下げられる人は、時代の変化に適応できる

大学にはいってから挫折《ざせつ》する理由は？

とはいえ、現行の大学受験はまだ、暗記型のほうが通用しやすいものです。いま高校生のみなさんは、まず目の前に迫《せま》った受験システムを突破《とっぱ》しなければならないという命題があります。

でも一方で、そのために有効なスキルは15年後には役に立たなくなる可能性が高いという、きわめてめんどうな状況《じょうきょう》にあります。目の前の受験突破《とっぱ》と、15年後の世界で生き残ることの両方を見据《みす》えて、対策を講じなければなりません。

探究型の学習によって現行の受験を突破《とっぱ》することができれば、それがベストです。ただ、探究型の学習は、それなりの時間を要します。公式を暗記するのは5分もあれば十分ですが、自分で探究してそれを発見するには、先生に手伝ってもらったとしても数時間はかかります。

でも、受験勉強に部分的にでも探究型の学びを取り入れる、つまり、なにかしら受験勉強とリンクさせて探究することができれば、それが現時点での最良の方策だと思います。

もちろん、暗記型の学習でとりあえず受験を突破《とっぱ》する、というのも一つの方法です。ただし、その場合、大学にはいったら探究型学習に切り替《か》えることを意識しておく必要があります。

大学の勉強は、基本的に探究型です。自分が探究した成果をレポートなどのかたちで発表し、それに対する評価を受けます。そこには、暗記したことを解答し、点数をつけてもらうという試験は存在しません。ですから、暗記型の勉強しかできない人は苦労するはずです。

高校までは数学がきわめて得意で、全国模試で上位の成績をとっていたような人が、大学の数学科に入学したとたん、勉強についていけなくなり挫折《ざせつ》するというケースを、私は実際にいくつも目にしてきました。

微分《びぶん》積分の計算は得意だと思っていても、大学の微分《びぶん》積分の講義で学ぶのは、その計算法ではありません。「無限小とは何か」「連続とは何か」といった概念《がいねん》の深掘《ふかぼ》り、つまり究極の探究が始まるのです。

いままでは数学のしくみについてまったく探究することなく、それをどう使うかだけを勉強してきたのに、しくみ自体の意味を問われるわけです。そこで一種の洗礼を受けることになります。

もうだれも暗記するものは教えてくれません。何に取り組むかを自分で決め、それを自分で探究していくしかない、という気づきに直面するのです。

自分が何を探究したいかは、いろいろな分野を〝探検〟してみなければ見つけられません。でも高校では、受験科目にしぼって暗記型の学習を行わざるをえないため、探検する時間的余《よ》裕《ゆう》がありません。これはとても不幸なことだと思います。

高校生のうちになにかしら探究を始めることで、たとえば歴史の探究がすごくおもしろくなったとしたらそれに関係する学科、仮想通貨の話にはまったとしたら計算機科学を学べる学科など、進む道が見えてくることもあります。そうなれば、文系か理系かという方向性も、ある程度明確になると思います。

Point!

高校で探究型学習を始めると進路を決めやすくなる

「好き」をとがらせていけば、それで生きていける

何かを探究するとしたら、ふつうは自分の好きなことを探究したいと思うものです。本来、探究とはそういうもので、学校の勉強と結びついていなければならないわけではありません。あなたがいますごくはまっていることがあるのなら、それをすればよいのです。

そして、それをとがらせていくことが大切です。これからは平均的に何でもできる人ではなく、何か特定のことについて突出《とっしゅつ》した知識や技能をもつ〝とがった人〟でなければ生きていけないといえます。

もしゲームにはまっていたら、とことんゲームを極めることです。ただし、ゲームで遊ぶ側にとどまっているかぎり、将来的に仕事を失う側になる可能性が高いことを忘れないでください。生き残るには、ゲームをつくる側にまわる必要があります。

では、そのために必要なものは何でしょうか。

まず、プログラミングの技能が必要です。プログラムは英語で書かれているので、英語も勉強しなければなりません。それから数学も必要です。コンピュータグラフィックスを使ってキャラクターを動かしたりするためには、虚数《きょすう》を拡張した四元数《クオタニオン》と三角関数の関係性といったことを理解する必要があります。

ゲームをつくる側にまわるためには、相当いろいろなことを知っていなければならないのです。そうすると、大学で何を学べばいいか、そのためにいまどんな受験勉強をすればよいかが明確になります。

いまや対戦型のゲームは「eスポーツ」（コンピュータゲームやビデオゲームを使ったスポーツ競技）と呼ばれ、オリンピック競技への採用も検討されていますから、ゲームをひたすらやりこんで、プロゲーマーになるという道もあります。

ただ、そこに到達《とうたつ》できるのは、日本じゅうで数名から数十名程度です。一方で、ゲームの制作には、日本国内でも数万人程度のプログラマーが携《たずさ》わることができるので、就ける確率ははるかに高いといえます。

「好きなこと」で生きていく――それは夢物語ではありません。「好き」をいかにとがらせていくかによって、その実現可能性が高くなるのです。

Point!

ゲーム好きなら、ゲームをつくる側にまわろう

クリエイティブになるために、いまやっておくべきこと

science

for (int i=0

6

これから生き残るのは、ひと言でいえば、クリエイティブな仕事をしている人です。こういうと、ミュージシャンや芸術家などを思い浮《う》かべるかもしれませんが、一般《いっぱん》の会社勤めをしている人のなかにも、クリエイティブな仕事をしている人は大勢います。

たとえば、会社の部長や課長などのマネジャーは、きわめてクリエイティブな仕事です。人間関係に配慮《はいりょ》しながら組織を統率し、ビジネスにおける不測の事態に適切に対処する彼《かれ》らには、あらゆる場面においてクリエイティブな能力が求め

られます。

職種を問わず、自分で考えて工夫をしている人は、みんなクリエイティブです。いいかえると、クリエイティブでない人というのは、考えるのをやめてしまった人、思考停止に陥《おちい》っている人のことです。

たとえば、ハンバーガーショップで、客から何を聞かれてもマニュアルどおりの答えしか返せない店員は、クリエイティブとはいえません。一方で、セットメニューにない商品の組み合わせを希望する客に対して、どうすれば割引価格が適用できるかを考え、希望に沿う組み合わせを提案できる店員がいるとすれば、その人はクリエイティブです。

クリエイティブな人、つまり自分で考えて工夫する人になるには、結局のところ、「好きなことをする」ということにつきます。

だれしも、好きなことについては考えるし工夫もしますから、おのずとクリエイティブになります。でも、嫌《きら》いなことでクリエイティブになるのは、とても難しいといえるでしょう。

あなたは何が好きですか——。

まずはそれを考えてみてください。そして、好きなものを見つけるには、あれこれと探検してみることが必要です。それが、文系か理系かを決める、つまり大学の学部を選ぶうえでもキーポイントになります。

次章では、その学部選びについて考えてみましょう。

Point!

好きなことを見つけ、探究することが将来の決め手になる

第2章

15年後に生き残るための学部選び

「動物が好きだから生物学科」は、まちがい？

大学の学部は、大まかには次のように分類されます。

〈文系学部〉文学部、外国語学部、法学部、経済学部、商学部、社会学部など

〈理系学部〉理学部、工学部、農学部、医学部、薬学部など

また、生活科学部や総合科学部など、文理どちらの要素もある、いわゆる文理融合《ゆうごう》型の学部もあります。

「自分は何が好きか」を軸《じく》に学部・学科を選ぶとすれば、選びやすいのは高校で勉強する科目と直結している学科です。たとえば、物理が好きなら物理学科、数学が好きなら数学科といった選択《せんたく》ができます。

では、「生き物が好きだから生物学科」でいいのかというと、そうともいえません。生物学科は、基本的に生物を殺して研究するところです。殺したうえで、臓器や細胞《さいぼう》などを採取して研究します。ですから、動物好きの人にはむしろ不向きな学問だといえます。

動物を生きたまま研究したいのであれば、動物行動学という学問があります。獣医《じゅうい》学部や農学部、理学部などで学ぶことができます。文字どおり、動物のさまざまな行動を観察し、研究するものです。

しかし、高校では学ばないものなので、そのような学問の存在自体を知らない人が多いのではないかと思います。高校の段階でふれられる学問は限られているので、それ以外のものについては自分で調べるしかないのです。

たとえば哲学《てつがく》は、高校ではあまり深く学ぶことはありません。倫理《りんり》の教科書のソクラテスやプラトンの記述を読んだだけで哲学科《てつがくか》（おもに文学部）に進もうと決意する人はほとんどいないでしょう。

でも、そこで、おもしろそうだと感じたとしたら、その時点で探究が始まるはずです。そこから哲学者《てつがくしゃ》たちの著作にふれ、どんどん読み進めていくうちに、大学でも哲学《てつがく》を学びたいという思いにいたる可能性はあります。

つまり、ある程度、深掘《ふかぼ》りをしてみないかぎりは、それがほんとうに自分の学びたいことなのか、向いていることなのかは判断できないのです。

でも現実には、高校生のうちは時間がないので、そこまで深掘《ふかぼ》りするのはなかなか難しいと思います。

むしろ、いまの段階で決められるものではないという前提で、大ざっぱに興味のあるものを選び、それが当たりかどうかは、実際に大学に入学して学んでみてから判断しよう、という考え方もあります。

その場合は、大学入学後に「これは違《ちが》う」と判明したら、なるべく早めに別の学科や学部に移ることを、あらかじめ想定しておきましょう。入学後に学部や学科を変えられるしくみがあるかどうかを事前に調べておき、それが用意されている大学を選ぶことをおすすめします。

Point!

大学入学後、別の学部・学科へ移ることも想定しておこう

いま人気のある学部、注目されている学部は？

ここ数年の大学受験では、理系学部よりも文系学部の人気が高い、「文高理低」の傾向《けいこう》が見られます（P132〜133参照）。

大学生の就職状況《じょうきょう》が厳しかったことなどから、職業に直結しやすいイメージがある理系学部の人気が高い時期が続いたあと、教育課程の移行にともない、2015年度の入試から理系受験の負担感が増したことなどが影響《えいきょう》し、文系人気へと転換《てんかん》しました。

現在は、文系学部のなかでも法学部や経済学部など、社会科学系の学部の人気が高くなっています。

また、情報系とグローバル系の学部の人気が高まっているのも最近の傾向《けいこう》です。これは、第1章でお話ししたような時代の変化を、多くの受験生が意識していることの表れでしょう。

情報系の学部は増えつつあり、国立大学では名古屋大学の情報学部、滋賀《しが》大学のデータサイエンス学部などが新設されています（P134参照）。

情報系の学部は、イコール計算機科学、すなわち理系とはかぎりません。「情報コミュニケーション学」と呼ばれるような、マスコミ学に近いものを学ぶ文理融《ゆう》合《ごう》的な学部もあり、大学によって学びの内容はさまざまです。

グローバル系の学部は、おおむね文系に分類されますが、やはり学びの内容には幅《はば》があります。高度な語学力の養成に重点を置いているところもあれば、早稲《わせ》田《だ》大学の国際教養学部や秋田県の国際教養大学のように、英語をツールとして幅《はば》広《ひろ》い分野の学問を学ぶところもあります。

ただ、「これからの時代に役立つから」というだけの理由で、情報系やグローバル系の学部を選ぶのはおすすめできません。ほんとうにコンピュータが好きだとか、英語が好きで選ぶのなら、それがベストです。そうではないのなら、たとえ現時点で将来性が低いとされるものであっても、自分の好きなことを学べる学部を選ぶべきだと思います。

「それでは生き残れない」と悲観することはありません。芸術家などがいい例ですが、AIの時代になっても好きでやっている人の仕事はなくなりません。ルーティンの仕事、たとえばレジ打ちの仕事を心底愛しているという人は、そうはいないはずです。なくなるのは、つまりはそういう仕事です。だからこそ、好きなことをやることに意味があるのです。

もう一つ、最近の目立った動きとして、2016年度以降、国立大学で文理融《ゆう》合《ごう》型の学部の新設が相次いでいます（P134参照）。文理融合《ゆうごう》型の学部自体は、以前からさまざまな大学に存在しており、そのあり方も多種多様です。

国立大学の新設学部を例にとると、たとえば宇都宮大学の地域デザイン科学部は、学部全体としては文理融合《ゆうごう》ですが、学科単位では建築学を中心とする理系学科と、地域の課題などを研究する文系学科に分かれています。

一方、新潟《にいがた》大学の創生学部は、入学後、文理を横断した22の学問領域のなかから自分が学びたいものを選択《せんたく》して学び、自分の「生き方をつくる」というコンセプトの学部で、完全な文理融合《ゆうごう》型の例といえるでしょう。

Point!

まずは自分の好きなことを学べる学部を選ぶ

問題意識をどんどん掘《ほ》り下げていこう

最近、ニュースを見ていて気になる話題は何でしょうか。社会のどんな問題に関心があるかということも、学部選びの糸口になります。

たとえば、2018年にLGBT（性的少数者のこと。レズビアン・ゲイ・バイセクシュアル・トランスジェンダーの略）に関する政治家の発言をめぐって大論争が起こりましたが、そのときにLGBTの人に対する差別の問題について関心をもった人もいるのではないかと思います。

そこから調べてみると、大学の社会学部でこの問題を切り口にした研究が行われている例があることがわかり、社会学への興味につながる、ということもあります。

あるいは、白クマが絶滅《ぜつめつ》の危機に瀕《ひん》していることを伝える映像をたまたま目にしたのをきっかけに、地球温暖化の問題に関心をもつ人もいるかもしれません。

解決方法を探ろうと、「地球温暖化」というキーワードで情報を調べていくと、この問題のいろいろな側面が見えてきます。

石炭や天然ガスを利用する火力発電をやめればいい、というのは地球温暖化の解決に向けた一つの答えではありますが、では電力をどうまかなうのかという問題が出てきます。

そこから、原子力発電や太陽光発電という選択肢《せんたくし》とその問題点や、電気をつくり、供給するしくみといったことまで勉強していくことになります。

さらに、地球の歴史を見ると、寒冷期と温暖期を周期的にくりかえしていること、数万年かけての気温上昇《じょうしょう》だった過去の温暖化と、現在の急激な温暖化はどう違《ちが》い、作物の生育などにはどのような影響《えいきょう》が出ているのか、というテーマにも行き着くかもしれません。

そこまで深掘《ふかぼ》りしていくと、地球温暖化にまつわる問題のなかでも、自分はどの部分を探究していきたいのか、つまり何を学びたいのかが見えてくるはずです。

自分のなかにある問題意識を、さらに掘《ほ》り下げてみることが重要です。それをふだんから意識することで、道を選ぶ手がかりを見つけやすくなります。

Point!

日々《ひび》のニュースのなかで気になる話題をとことん掘《ほ》り下げる

世界を広げるために、いますぐできること

大学で学べる学問は多種多様ですが、そのなかで、高校の勉強を通してふれることができるものはごく限られています。**自分の知らない学問に出合うには、本を読むことが不可欠**です。

たとえば、書店に行けば、動物行動学の本がたくさん並んでいます。難しいものばかりではなく、『先生、巨大《きょだい》コウモリが廊下《ろうか》を飛んでいます！』（築地書館）をはじめとする、鳥取環境《かんきょう》大学の小林朋道《ともみち》教授の「先生！」シリーズなどは、思わず手に取ってみたくなるのではないでしょうか。

そのような本を入り口に、動物行動学のことを知り、興味をもったら、その分野の本をどんどん読んで、さらに深掘《ふかぼ》りしていきましょう。本を読むこと自体が探究なのです。本は未知への扉《とびら》であり、広い世界へといざなってくれます。

「本を読まなくても、インターネットで調べればいい」と考える人もいるかもしれませんが、そこには難点があります。インターネットで得られる情報は、浅かったり信憑性《しんぴょうせい》が低かったりするものが多く、知りたいことを深掘《ふかぼ》りするには、かなり高度な検索《けんさく》能力が必要になるからです。

インターネット上に流通している情報の大半は、グローバル言語である英語で書かれた情報です。あるトピックについて深く知りたいと思うなら、多くの場合、日本語に翻訳《ほんやく》されていない原典を英語で検索《けんさく》して探しあて、チェックすることが欠かせません。日本語の情報だけを追っていると、誤った情報に惑《まど》わされることが多々《たた》あります。

たとえば2018年10月、ロンドンを中心に活動するアーティストの絵画がオークションで落札されたとたん、額縁《がくぶち》に仕掛《しか》けられたシュレッダーによって裁断されるという騒動《そうどう》がありました。

じつはこれは、アーティスト自身が仕組んだことだったのですが、当初はそれを報じた英語のニュースが曲解され、「何者かに作品が破壊《はかい》される犯罪が起こった」というような日本語の情報がSNS上で飛び交っていました（もっとも、この事件についてはすぐに訂正《ていせい》ニュースが流れましたが）。

このように、インターネットの検索《けんさく》だけでは十分な探究はできません。分厚い本によってしか得られない貴重な知識が、確実に存在するのです。

また、本を読むにあたって、書店や図書館へ行き、本棚《ほんだな》を見まわして本を選ぶというプロセスがとても重要です。インターネット書店で本を探す場合、基本的に自分が検索《けんさく》したキーワードに関連する本にしか行きあたりません。それに対して、書店や図書館では本棚《ほんだな》を眺《なが》めるだけで未知の領域の本をたくさん目にすることになります。

インターネットは、検索《けんさく》によって自分の欲しい情報だけを抽出《ちゅうしゅつ》できるため、得られる情報には多様性が欠如《けつじょ》しがちです。そのため、インターネットの情報だけに頼《たよ》っていると、考えが偏《かたよ》ったり視野が狭《せま》くなったりするリスクが高くなります。

書籍《しょせき》だけでなく、雑誌にも良質なものがあります。科学雑誌「日経サイエンス」（日本経済新聞出版社）は、専門的な内容を徹底《てってい》的に読みやすくしています。最新号だけでなくバックナンバーも読むと、宝物のような記事にいくつも出合えます。

こうした雑誌は、文系の人が理系に興味を広げるきっかけにもなると思います。

Point!

書店や図書館での本探しが知との出合いを生む

文系・理系にとらわれない分け方から考える

人や学問を文系か理系かで色分けするのは、すでに意味をなさなくなっているので、それにとらわれていると学部選びは難しくなります。

文系・理系に代わる、いまの実情に即《そく》した分類があるとすれば、一つは「コンピュータ系」と「非コンピュータ系」です。これからの社会においては、仕事も人も、コンピュータ系か非コンピュータ系かのいずれかになると思います。

それはどこで分かれるかというと、要するにプログラミングが好きか嫌《きら》いか、あるいは、できるかできないかです。プログラミングが好きなら、数学を勉強して無敵の技能にすることが、いちばんのおすすめです。

コンピュータ系という視点をもつと、バリバリの計算機科学から、情報処理的なもの、コンピュータグラフィックスで映像などをつくる芸術系まで、いろいろな選択肢《せんたくし》が見えてきます。

コンピュータは苦手だとか、あまり使いたくないということであれば、比較的《ひかく》使うことの少ない学部を選ぶことになります。とはいえ、いまは完全にコンピュータと無縁《むえん》の学問は少ないはずです。文系に分類されている心理学や社会学の研究でも、データの分析《ぶんせき》にはコンピュータを使用します。

古典文学の研究でさえ、使われている語彙《ごい》の分析《ぶんせき》にコンピュータを活用するといったことが可能です。非コンピュータ系といっても、ある程度は使いこなせることが必要です。

もう一つは、「グローバル系」と「国内系」という分類です。これも具体的には、英語ができるかできないか、好きか嫌《きら》いかが分岐点《ぶんきてん》になります。

英語が得意、あるいは好きということであれば、それを活かせる学部にしぼると選びやすくなると思います。英米文学も、国際政治や国際金融《きんゆう》なども、英語ができてこそ学べるものです。

コンピュータ系と非コンピュータ系、あるいはグローバル系と国内系で分けるとしたら、自分はどちらなのかを考えてみると、それが学部選びのヒントになるはずです。

コンピュータ系と非コンピュータ系、グローバル系と国内系でしぼりこむ

「できること」より「好きなこと」を選ぶ

liberal arts science for (int i=0

私は小学生の一時期をアメリカで過ごした帰国子女だったので、英語はずっと得意科目でした。そのためか、高校時代の先生は、私が大学の英文科に進むものと思っていたようです。得意なものに直結した道に進むのが自然だ、と先生は考えていたのでしょう。

でも私自身は、とくに英語が好きだったわけではなく、英文科という選択肢《せんたくし》は頭にありませんでした。最終的には好きな物理学の道に進み、いまにいたっています。

自分が得意なことと、探究したいと思うことは、必ずしも一致《いっち》するわけではありません。私の場合、英文科に進んでいれば、おそらく大学での勉強は楽だったと思います。でも、それで満足できたかどうかは、また別の問題です。

むしろ、得意とはいえないけれど好きなものがあって、たとえ人より時間がかかっても、それに取り組んでいるのが幸せと思えるのなら、それを選ぶほうが充足感を得られるはずです。自分が「できること」を選ぶのは、選択《せんたく》基準としてはベストではないと思います。

私の親友である脳科学者の茂木健一郎《もぎけんいちろう》君は、最近、英語で執筆《しっぴつ》した本をイギリスの出版社から上梓《じょうし》しました。彼《かれ》は英語が大好きです。だから、ずっと熱心に英語を勉強してきました。日本で生まれ育った彼《かれ》が話す英語は、ちょっぴり日本語なまりの発音です。でも彼《かれ》はその英語を、臆《おく》せず国際会議などでバンバン使います。

そんな彼《かれ》は、英語で本を書き、それを英語圏《けん》の出版社から出すということを人生の目標にしていました。そして、それを達成したのです。そこにはとてつもない自己充足感《じゅうそくかん》があっただろうと思います。

もともと英語ができる人は、おそらくそのような夢さえ抱《いだ》くことはないでしょう。同じことをするなら、できるからそれをやっている人よりも、好きでやっている人の勝ちです。

大学の学部選びでも、「できること」と「好きなこと」のどちらを優先すべきかと問われたら、私の答えは断然、「好きなこと」です。秀《ひい》でていなくてもいい。好きなことがあるなら、それをどんどん追求したほうがいいと思います。

Point!

「できること」を選ぶのは、選択《せんたく》基準としてベストではない

第3章 文系・理系の大学受験攻略法

文系・理系それぞれの受験科目の傾向《けいこう》は?

大学受験の科目は、文系と理系で異なります。科目や科目数は大学によりさまざまですが、代表的なパターンをチェックしておきましょう（巻末の資料編を参照）。

国公立大学の場合、大学入試センター試験（以下、センター試験）と、大学ごとの個別学力試験が課されます。センター試験は、文系が英語、国語、数学（2科目）、地理歴史・公民（以下、地歴・公民。2科目）、理科（1〜2科目）の7〜8科目、理系は英語、国語、数学（2科目）、地歴・公民（1科目）、理科（2科目）の7科目となっています。個別学力試験は、文系が英語、国語、数学または地歴（1科目）の3

科目、理系は英語、数学（数Ⅲを含《ふく》む）、理科（2科目）の4科目が課されるパターンが多く見られます。

私立大学の入試は、3科目が一般《いっぱん》的です。多くは、文系が英語、国語、地歴・公民または数学、理系が英語、数学（数Ⅲを含《ふく》む）、理科です。

文系の受験生は数学と理科、理系は国語と地歴・公民が不得意科目であることが多いと思います。私立大学の場合は、それらの科目なしで受験することができますが、国公立大学の場合は、少なくともセンター試験では必要となります。東京大学や京都大学では、個別学力試験でも英語、数学、国語の3科目に加え、文系は地歴、理系は理科を加えた4～5科目が課されます。

不得意科目を含《ふく》めて満遍《まんべん》なく勉強する必要がある国公立大学型よりも、少ない科目をとがらせる私立大学型の受験勉強のほうが、社会に出てからの有用性は高いように私は感じます。

センター試験は科目数が多いため負担感が大きいですが、基礎《きそ》学力を測るものなので力を入れすぎるのは意味がありません。ギリギリでもクリアできればよいと考え、個別学力試験に照準をあわせるのが得策です。

だれしも不得意科目はあるので、センター試験の科目のなかに不得意なものがあってもかまいませんが、英語、国語、数学の3科目を中心に勉強しておくことが最善だと思います。

また、センター試験では、どの科目も平均点がおおむね6割前後になるよう調整されていますので、点を取りやすい科目は存在しません。選択科目は点の取りやすさなどに惑《まど》わされることなく、自分が受けたい科目を選ぶべきです。

Point!

センター試験は基礎《きそ》学力を測るもの。力を入れすぎない

数学が苦手な人はどうすればいい？

数学が苦手なので受験科目にしたくない、という理由で文系を選ぶ人も多いと思います。

国公立大学の場合は、文系でもセンター試験で数学が必須《ひっす》となりますが、私立大学はほぼどこでも、文系なら数学なしの3科目（英語、国語、地歴・公民）で受験が可能です。

しかし理系学部は、数学なしで受験することはまず不可能です。農学系や情報学系で数学を選択《せんたく》しなくてよい学部（明治大学農学部など）もありますが、ごくわずかです。

また、理系学部の受験では、国公立大学、私立大学ともに数学は基本的に数Ⅲまでが必須《ひっす》となります。「数学が苦手だけど理系学部に行きたい」という志望は、かなりハードルが高いといえます。

一方、数学が得意であれば、理系だけでなく文系を受験することも比較的容易《ひかく》です。私立大学の文系の大半は、地歴・公民のかわりに数学で受験することが可能だからです。

私立大学の文系で、数学が事実上必須《ひっす》のケースも少数あります。たとえば、慶《けい》應義塾《おうぎじゅく》大学の経済学部と商学部では「数学あり」と「数学なし」の二つの入試方式がありますが、前者のほうが募集《ぼしゅう》人数は多くなっています。

また、文系でも、経済学、商学、社会学、心理学などの学部・学科などでは、専門課程になるとデータの分析《ぶんせき》などで数学が必要となります。つまり、数学がある程度できたほうが学部選択の幅《はば》が広がるのです。苦手意識を克服《こくふく》できれば、それに越《こ》したことはありません。

そこで、まず覚えておいていただきたいのは、数学は勉強してもすぐには成績が上がりにくいということです。ある程度勉強したところで点数が上がりはじめるものなので、その前にあきらめないことが肝心《かんじん》です。

数学の苦手意識を克服《こくふく》するために必要なのは、まず参考書を一冊、完璧《かんぺき》に仕上げることです。それには、自分にあった参考書を、自分で選ぶことが大切です。

解説がていねいなもの、突《つ》き放して考えさせるタイプのもの、ビジュアルが豊富なものなど、いろいろな参考書を試してみるといいでしょう。

そのなかから、勉強していて楽しいと感じられる参考書を見つけてください。楽しくない参考書に取り組んでいたら、数学を好きになれるはずがありません。

最後まで確実にやりきれる、分厚すぎないものがおすすめです。また、最初のページから順にではなく、ランダムに好きなところから取り組める形式のものであれば、飽《あ》きにくく、心理的な負担も少ないので続けやすいと思います。

数学のなかで、しっかりやっておいたほうがいいと私が思うのは、確率・統計です。これからの時代は、あらゆる分野で大量かつ多様な情報の集積であるビッグデータの活用が進みます。その意味で、**社会に出てからもっとも重要で役に立つのが確率・統計**だといえます。

Point!

数学を克服《こくふく》するには参考書を一冊、完璧《かんぺき》に仕上げる

国語が苦手な人はどうすればいい？

文系の受験生にとっての悩《なや》みの種が数学だとすれば、理系の受験生にとってのそれは、国語だと思います。理系の受験では、国公立大学の場合はセンター試験で国語が必須《ひっす》ですが、私立大学では国語はほぼ課されません。

国語は現代文の読解問題が柱となっています。文章の読解力をつけるには、本を読むことが何よりのトレーニングですが、理系の人の場合、本を読むこと自体が苦手という人が多いかもしれません。

現代文の読解問題には、小説と論説文があります。理系の人は論理的に物事を考える人が多いので、論説文は比較《ひかく》的理解しやすいといえます。

難しいのは小説です。結論からいうと、理系で小説を苦手としている人が、それを克服《こくふく》するのはなかなか難しいと思います。

小説を読んで、そこに描《えが》かれている人間の心の機微《きび》を理解するといったことは、もともとそれに長《た》けている人とそうでない人がいます。そして、不得手な人が勉強によって克服《こくふく》するには限界があります。

ですから、小説が苦手な人は、小説の問題は思い切って捨てるのも一つの手です。国語は論説文に的をしぼって、そこである程度、点数を取るようにしましょう。国語はそれでよしとし、そのぶん数学で高得点を取ると割り切るほうが、無理に克服《こくふく》しようとするよりも合理的だと思います。

私は大学生のときに、国語の読解問題が苦手だった中学生のいとこの家庭教師をしたことがあります。そのとき、私は、いとこが自分で選んだ一冊の本（三島由紀夫の『午後の曳航《えいこう》』でした）をひたすら音読させました。

読めない漢字が出てきたらマーカーで印をつけ、正しい読み方を確認し、その漢字の書き取りをする。同時に、その小説の情景描写《びょうしゃ》や心理描写《びょうしゃ》について質問し、答えさせるという勉強法により、いとこの成績は急激に上がりました。読めない漢字を放置しているために、文章を読むのが苦手という人は意外に多いものです。国語でつまずいている人は、まず読めない漢字を洗い出して、それらをつぶす作業を試してみるのもいいかもしれません。

Point!

小説を一冊選んで、読めない漢字を洗い出そう

理科の受験科目はどう選ぶ？

理科は、物理、化学、生物、地学の4科目と、物理基礎《きそ》、化学基礎《きそ》、生物基礎《きそ》、地学基礎《きそ》（以下、基礎《きそ》を付した科目）の4科目の計8科目があります。

文系の場合、国公立大学のセンター試験では一般《いっぱん》的に、基礎《きそ》を付した科目のうちから2科目を選択《せんたく》します。実際には、文系の受験生は、化学基礎《きそ》と生物基礎《きそ》の組み合わせで受験するケースが大半です（P135参照）。文系の人には、暗記で対応しやすい生物が選択《せんたく》しやすいと考えられます。

理系の場合、国公立大学のセンター試験では基本的に、物理、化学、生物、地学から2科目を選択《せんたく》します。個別学力試験では、多くの場合、物理基礎・物理、化学基礎《きそ》・化学、生物基礎《きそ》・生物、地学基礎《きそ》・地学から2科目を選択《せんたく》します。私立大学では基本的に1科目ですが、早稲田《わせだ》大学や慶應義塾《けいおうぎじゅく》大学のように2科目が課されるケースもあります。

学部別の傾向《けいこう》としては、工学系は、物理と化学の2科目指定や、物理が選択必《せんたくひっ》須《す》となるケースが多く見られます。理学系は、物理学科で物理が必須《ひっす》、化学学科で化学が必須《ひっす》、生物学科で生物が必須《ひっす》となります。また、薬学系では化学が指定、農学系や食物系では生物と化学から選択《せんたく》する例も若干見られます。

以上を総合すると、必須《ひっす》度が高いのは物理と化学、次いで生物です。国公立大学、私立大学ともに、地学は選択《せんたく》できないケースがほとんどです。

数学が好きな人は、やはり物理を選ぶことが多いでしょう。ちなみに、物理の勉強法についてお話しすると、高校の物理では基本的に微分《びぶん》積分は使いませんが、微分《びぶん》積分を使うかたちで勉強するほうが合理的だと思います。

距離《きょり》を微分《びぶん》すると速度になり、速度を微分《びぶん》すると加速度になり、反対に加速度を積分すると速度になって、速度を積分すると距離《きょり》になるというふうに、微分《びぶん》積分でつながっているという理解があれば、公式をすべて暗記する必要はなくなります。参考書を活用するなどして、微分《びぶん》積分を使ったアプローチを取り入れてみてください。

Point!

物理の勉強には微分《びぶん》積分のアプローチを取り入れると効果的

地歴・公民の受験科目はどう選べばいい？

地歴・公民は、国公立大学のセンター試験では基本的に、文系が2科目、理系が1科目を課されます。おおむね、世界史B、日本史B、地理B、倫理《りんり》／政治・経済からの選択《せんたく》となり、文系の受験生は世界史B、日本史Bを選択《せんたく》することが多いようです（P135参照）。

一方、理系の受験生は、多くが地理Bを選択《せんたく》しています（P136参照）。人名や年号を暗記することへの苦手意識から、歴史科目を避《さ》ける傾向《けいこう》があるようです。

文系ではほとんどの場合、国公立大学の個別学力試験と私立大学の試験においても1科目を課されます。

私立大学では、世界史B、日本史B、地理B、政治・経済からの選択《せんたく》という指定が多く見られます。倫理《りんり》を選択《せんたく》できる大学も少数ある一方、文学部では世界史B、日本史Bのみから選択《せんたく》する大学もあります。

歴史は、教科書に沿った勉強しかしていないと、あまりおもしろいとは感じられないと思います。

たとえば明治維新《いしん》は、ドラマや映画が何作もつくられているほどおもしろい時代ですが、授業で扱《あつか》うのはせいぜい1〜2時間、場合によっては数分かもしれません。

そのため、明治維新《いしん》について踏《ふ》み込《こ》んで知ることがほとんどないまま、機械的に人名や年号を暗記するだけになります。

そこでおすすめしたいのは、おもしろい歴史読み物を探して、副読本として読むことです。豊富なエピソードを盛り込《こ》み、歴史の流れをわかりやすく解説した本が、新書などでもたくさん出ています。参考書のなかにも、副読本の役割を果たしてくれる、内容の濃《こ》いものがいろいろあります。

そうした本を読むことで歴史を探究し、流れをつかむようにすると、格段におもしろく感じられて、勉強が進みます。

おもしろい歴史読み物を副読本として読み込《こ》む

大学入試はこれからどう変わる？

２０２０年度から、現行のセンター試験が「大学入学共通テスト」に移行します。とはいえ、受験科目数などの大枠《おおわく》に変更《へんこう》はありません。

おもな変更《へんこう》点は、国語と数学でマークシート式に加えて記述式の問題が導入されることと、英語で民間試験が活用されることの2点です。

これまでの知識量を問う試験から、思考力や表現力を重視した試験に変わることになります。したがって、暗記型ではなく探究型の学びをしている人には、より有利になるといえます。

2018年11月に行われた試行調査（プレテスト）では、国語で2つの文章を読んで考えをまとめる記述式問題や、著作権に関する資料がいくつか提示され、それを読み解いて設問に答えるものなどが出題されました。

こうした流れを受けて、大学入試全体で論述式の問題が増えることも考えられます。

早稲田《わせだ》大学の政経学部の入試では、2020年度から「大学入学共通テスト」を必須《ひっす》化することにともない、数学が必須《ひっす》となります。「大学入学共通テスト」以外に課される大学の独自試験は、英語と日本語の長文を読んで論述する総合問題となる見通しです。

また、慶應義塾《けいおうぎじゅく》大学のように、小論文を積極的に課す大学が多くなることも予測されます。

私は以前、大手予備校で小論文の問題作成を手がけていたことがあります。その視点から小論文の評価ポイントをお話しすると、次のようになります。

①課題となる文章をきちんと分析《ぶんせき》できているか。
②それを正しく解釈《かいしゃく》できているか。
③それをもとに自分なりの発想を加え、思考を展開できているか。

③については、与《あた》えられた情報を起点に、何らかの探究をしようとしているかが重視されます。つまり、読解力と独創性の両方が試されることになり、どちらか一方では半分しか点が取れないということです。

記述式の問題や小論文は、クリエイティブな能力を測るためのものです。問題集をただ解いていく勉強だけでなく、日ごろから考えたことをレポートにまとめるなどのトレーニングをしておくことが大切です。

また、２０２２年度から、高校でプログラミングを含《ふく》む情報Ⅰが必修化されることにともない、２０２４年度を目安に、「大学入学共通テスト」にも情報科目が追加される見込《みこ》みです。

プログラミングが、英語や数学、国語などと並ぶ基礎《きそ》的な科目として課されることになります。

Point!

日ごろから考えたことをレポートにまとめるクセをつける

英語を話す力も大学入試で問われる

２０２０年度から行われる「大学入学共通テスト」では、英語の試験で「実用英語技能検定（英検）」や「ＴＯＥＦＬ《トーフル》」「ＴＯＥＩＣ《トーイック》」などの民間試験が活用されることになります。一定期間内に受けた所定の民間試験の成績が、出願要件や合否判定に使われるわけです。

ただし、東京大学は民間試験を必須《ひっす》としない方針を示すなど、大学によってどう利用するかの判断は異なります。

私立大学でも、大学入試向けの英語検定試験である「ＴＥＡＰ《ティープ》」を利用した入試方式を設けている上智《じょうち》大学など、約3割の大学で民間試験が活用されており、今後さらに増えていくと見られています。

この動きが意味するのは、英語を「読む」「書く」のみならず、「聞く」「話す」を含《ふく》めた4技能が大学入試で問われるということです。受験生は、この4つの技能を満遍《まんべん》なく伸《の》ばすことが必要になります。

では、英語を話す勉強はいったいどうすればいいのかと、頭を抱《かか》えている人も多いと思います。

英語を聞く形式の教材はたくさんありますが、聞くだけで英語が話せるようになることはありえません。聞くことに加えてアウトプットする、つまり実際に話すことによってしか、話す力を伸《の》ばすことはできないのです。

必要なのは、とにかく話すことです。しかし、日本で暮らす高校生が、日常で英語を話す機会はほとんどないといえるでしょう。

学校に英語の授業を補佐《ほさ》するネイティブの先生がいたとしても、1人の先生が30人の生徒を相手に授業をするとしたら、1時間の授業でそれぞれの生徒が話せる時間はわずか2分程度という計算になります。週3回授業があったとしても、1週間で6分間です。

週に6分間話すだけで、その言語を話せるようになるとしたら奇跡《きせき》です。できれば、毎日15分間程度は話すことが必要だと思います。

そこで問題になるのは、話す相手をどうするかです。インターネットでネイティブと会話するレッスンを利用するなどの方法もありますが、それも難しい場合は、ひとりで発音練習をするだけでも話す勉強になります。

発音練習の教材は、スマホのアプリなどにいいものがたくさんあるので、そうした教材を利用してみるのもいいでしょう。英語の文章を毎日15分間、声に出して読むだけでも効果はあるはずです。

また、「TOEFL《トーフル》」など、世界基準の英語民間試験を受けると、そのスコアが海外の大学に進学する場合にも使えるというメリットがあります。その点を考えても、受験準備として早い段階から「TOEFL《トーフル》」などの試験を受けておくことには意味があります。

「TOEFL《トーフル》」は国際的な大学教養レベルの英語力を測る試験ですから、いきなり受けるのはハードルが高いかもしれません。その場合は、中高生版の「TOEFL《トーフル》ジュニア」など、少し下のレベルから受けるといいでしょう。

毎日15分間、英語を声に出して読むだけで効果はある

文系・理系の区分けは、今後も続く？

時代にあわせて大学入試が変わっていこうとしており、いまはその始まりの段階です。今後、さらにその変革が進むなかで、大学受験の文系・理系という区分けも消えることになるのでしょうか。

これからの時代に求められるのは、文系・理系にかかわらず、知識をクリエイティブに活用できる人材です。ただ、その能力を試験で測るのはきわめて難しいといえます。

単純に大学受験から文系・理系の区分けをなくすとすれば、すべての受験生に文理全教科の試験を課すという方法が考えられます。でもそうなると、高校ですべての生徒が全教科をみっちり学ぶことが必要になります。それは授業時間数との兼《か》ね合いを考えれば現実的ではありません。

その観点からいえば、今後も当面、文系・理系の入試区分は存続すると予想されます。ただ、大学にはいるための入り口は文系と理系に分かれていても、大学教育のほうが文理のカテゴリーを横断した学びができる方向に変わる可能性が指《し》摘《てき》されており、実際に文理融合《ゆうごう》型の学部も増えてきています。

将来的には、文理の区分けから離《はな》れた大学入試、たとえばいっせいの学力試験がなく、学校の成績や論文を重視して選抜《せんばつ》するアメリカ型のような大学入試に変わる可能性もある、と私は思っています。

少子化にともなって、日本では今後、大学の数を削減《さくげん》せざるをえない時代にはいります。そうなると、多様な選抜《せんばつ》基準による入学試験を課すことができる大学しか生き残れないでしょう。

大学は研究機関であると同時に、人材育成機関です。いい人材を獲得《かくとく》して育てたいという意欲のない大学は、受験生にとっても魅力《みりょく》がないので、必然的に淘汰《とうた》されると思います。

とがっていて、やる気があって、将来伸《の》びる「いい人材」を選ぶために、受験生一人ひとりがもっている能力をていねいに見極める――これからの大学入試はそのようなものになるはずで、またそうなるべきだと思います。

Point!

いい人材を育てる意欲のない大学は淘汰《とうた》される

第4章
夢は一つじゃなくていい

第1志望だけをめざさない

大学受験は、行きたい大学に進むための関門です。そして、行きたい大学は一つである必要はありません。

私は、行きたい大学に第1志望、第2志望、第3志望……と順位をつけるのが当然とされているのはとても奇妙《きみょう》なことだと思っています。行きたい大学はいくつあってもいいのです。そのなかに海外の大学があってもいいと思います。

いくつもの選択肢《せんたくし》をもつことは、たいへん重要です。それによって、人生がとても楽になるからです。

どれか一つだけを第1志望と決め、それ以外はすべて滑《すべ》りどめ、第1志望だけをめざし、そこに合格できなければ人生は終わり、という考え方は、自分で自分を追いつめ、人生の可能性をせばめるだけです。

そもそも、自分がまだ通ってもいない大学のことを、そこしか行く価値がないほどのいい大学だと、なぜ思い込《こ》めるのでしょうか。

複数の大学に一定期間、体験入学をしたうえで、「ここが一番」と感じたのならわかりますが、大学案内を読んだり、キャンパスを見学したりしただけで、そこがいちばん自分にあう大学だとわかるとしたら、それは超能力《ちょうのうりょく》の世界です。

志望大学に順位をつけるのは、入試の難易度によって大学に序列があることと無関係ではありません。

でも、たとえばアメリカなどの場合、大学は単純なタテ型の序列ではなく、「法律ならこの大学」「物理学ならあの大学」というように、学問の分野によって、それぞれ一流とされる大学が存在します。
ですからアメリカでは、受験生はいくつもの大学に出願します。そのうち一つでも合格できれば成功なのです。この大学に行けばこんな学びができる。あの大学にはいればこういう経験ができる。そんなふうに、行きたい大学をいくつも見つけてチャレンジするわけです。そのほうが、受験勉強も、大学にはいってからの生活も、楽しいものになるはずです。

Point!

いくつもの選択肢《せんたくし》をもつと人生はとても楽になる

文系から理系へ、理系から文系への転換《てんかん》はできる？

高校1年生の段階で文系と理系のどちらかを選んでも、あとから選択《せんたく》を変えたくなることも考えられます。

ただ、文系の受験生が途中《とちゅう》で理系に転換《てんかん》する「理転」は、かなりハードルが高いと考えたほうがいいでしょう。それまでまったく勉強していない理科の専門科目や数Ⅲを新たに学ばなければならず、それは独学では困難だからです。そのため、文系の受験生が理転する例はきわめて少ないのが実情です。

一方、理系から文系に転換《てんかん》する「文転」は、比較《ひかく》的容易です。私立大学の文系学部の大半は、地歴・公民のかわりに数学を選択《せんたく》して受験することができるので、たとえば難関国立大学の理系学部と、私立大学の文系学部を受験するといった例もめずらしくありません。

したがって、**文系と理系の選択《せんたく》にどうしても悩《なや》んだら、理系を選んでおくのが無難**といえます。

私自身は、大学入学後に理転した経験があります。もともと物理が好きだったのですが、親族の影響《えいきょう》で法学部に進むことを考えるようになり、東京大学文科一類（法学部進学課程）にはいりました。

しかしすぐに、自分は法律の勉強には向いていないと悟《さと》り、法学部には進まず、転部して教養学部教養学科で科学哲学《てつがく》を学びました。そして、卒業後に学士入学というかたちで、東大の理学部物理学科に3年生からはいりなおしたのです。

当時、学士入学は制度上は可能だったものの前例がなく、そのための試験のしくみなども存在していませんでした。そこで大学側と交渉《こうしょう》し、物理学科の先生に直接、試験をしてもらいました。

先生のほうも、文系だった学生からいきなり試験をしてくれと言われても、何をしていいのかわからず、とまどったようです。とりあえず、黒板に積分の典型的な問題を書いて、それを解くように私に言いました。

ところが私は、よくわかっているはずのその問題を、その場ではなぜか解くことができませんでした。冷や汗《あせ》をかいていると、問題があまりに簡単すぎたためか、驚《おどろ》いたことに先生のほうも解き方を度忘れしていました。そして、「まあいいか」という先生のひと言で試験は終わり、私は無事、物理学科に学士入学できたのです（その後、反省と感謝の意を込《こ》めて勉強に励《はげ》みました）。

自分が学んでいることに違和感《いわかん》を抱《いだ》いたら、途中《とちゅう》からでも変える勇気をもつことが必要です。違和感《いわかん》をもったまま卒業し、あわない職種に就職しても、いいことはありません。

大学4年間の途中《とちゅう》で別の学部に移ることが可能な大学も多いので、そのしくみがあるのなら利用することを考えてもいいでしょう。

そうしたことは、すべて交渉事《こうしょうごと》です。黙《だま》っていたら、だれかが手を差し伸《の》べてくれるわけではありません。みずから動き、大学の教務課などに出向いて、どうすれば学部を移れるのか、そのためには何が必要なのかを根掘《ねほ》り葉掘《はほ》り聞き、試験があるのなら受け、ないのなら設定してもらいましょう。

あきらめずに、望むことを可能にする方法を探してみるべきだと思います。


Point!

文系と理系の選択《せんたく》に悩《なや》んだら、理系を選ぶ

海外に進学するという選択《せんたく》で得られる宝物

欧米《おうべい》の大学は、文系や理系という枠組《わくぐ》みにとらわれないリベラルアーツが充実《じゅうじつ》しています。そのため、これからの時代にふさわしい学びを求めて、海外の大学に進学する日本の高校生も増えています。

実際、東大に合格できる学力のある高校生が、日本の大学を受験せずに、アメリカやイギリスの大学に進むケースもめずらしくありません。日本の大学入試で「TOEFL《トーフル》」など海外の大学入試に利用できる英語民間試験の導入が進み、受験生の視野に、海外に進学するという選択肢《せんたくし》がはいりやすくなったという面もあります。

私は、ニューヨークの小学校とカナダの大学院で学んだ経験があります。そのうえで私が思う海外進学のメリットは、環境《かんきょう》の激変に身を投じ、それに適応するという経験ができることです。

第４次産業革命の進行により、これからは社会の環境《かんきょう》が大きく変化します。それはまさに激変と呼べるものですから、適応できなければ生き残ることは難しくなります。

海外の大学に進学すると、必然的に、言語も文化もまったく違《ちが》う環境《かんきょう》に身を置き、適応するという試練が課されます。それを乗り越《こ》えることができれば、将来、職場にＡＩがはいってきても、動じることなく対応できるはずです。

自分自身の力で大きな環境《かんきょう》の変化に適応した経験は、そのあとの人生を生き抜《ぬ》く力になります。

海外の大学に進み、卒業するのは、とても厳しいサバイバルです。日本の大学では、中途《ちゅうと》退学させられることはほとんどありませんが、海外の大学では一定の成績が取れなければ退学させられるのはふつうです。

しかも各科目の基準は、担当教授が独自に決めるので、理不尽《りふじん》なものである場合も多々《たた》あります。

でも、そんなサバイバルを経験できるのは、おそらく人生で一度あるかないかのチャンスです。若いときでなければ、がんばって乗り越《こ》えることは無理かもしれません。それを達成できれば、一生の宝物になります。

もう一つ、私がみなさんに海外生活を経験してほしいと思うのは、日本を外から見ることで、日本でしか通用しないものの見方、いわゆる〝ガラパゴス〟の視点から逃《のが》れられるからです。

日本では当たり前とされていることも、海外では必ずしもそうではありません。

自分が生きてきた場所のルールとは違《ちが》うルールが存在する環境《かんきょう》で暮らすことで、人類共通の普遍《ふへん》的なルールと、一部の場所や人びとのあいだで通用しているルールの区別がつくようになるのです。

さまざまな人種や宗教、言語、文化がある環境《かんきょう》で暮らすと、視野を広くもてるようになります。これも海外進学で得られる大きな財産だと思います。

Point!

海外進学をすれば、変化に動じない適応力が身につく

学校で勉強する以外の選択肢《せんたくし》もある

大学は勉強だけをする場所ではありません。芸術やスポーツなど、いろいろな分野のサークル活動や部活動も経験できます。そこで自分の好きなものを追求するのもいいと思います。

大学の学部で勉強したことを、そのまま職業にしなければならないわけではなく、いろいろな選択肢《せんたくし》があります。大学にはいってから、学部の勉強とは別に芸術を勉強して、それが楽しくなれば専門的に勉強できる大学に移ることを考えてもいいし、大学の勉強と並行して芸術活動を行い、そのままそれを仕事にしてもいいのです。
また、高校の段階で、学校の授業を受けることにあまり意味が感じられないという人もいるかもしれません。高校の授業は、30〜40人ほどの生徒を原則1人の先生が教えるというシステム上、生徒一人ひとりにあった学びを提供するには限界があります。

より自分にあった学びを求めるなら、家庭で学習を行う「ホームスクーリング」という選択肢《せんたくし》もあります。ホームスクーリングには、親が先生役となって勉強を教えるものや、親のサポートを受けながらインターネットで在宅講座を受講するものなど、さまざまなスタイルがあります。

ただこれには、親が子供の教育を学校まかせにせず、全面的に引き受ける覚悟《かくご》が必要であり、親の時間的、労力的負担が多大であるという難しさがあります。
でも、本格的に行うことができれば、ホームスクーリングは圧倒《あっとう》的に高い教育効果が見込《みこ》めます。

音楽家やスポーツ選手が、自分の子供にその専門技能を教えるのも、一種のホームスクーリングです。同様に、数学の得意な親が、子供に高度な数学教育をみっちり行うといったパターンもあります。

自分の能力にあったきめ細かい学びによって、向いていることや得意なことをとことんとがらせることができるのも、ホームスクーリングのメリットです。学校以外の場所でも質の高い学びが可能だということは、知っておくといいかもしれません。

ホームスクーリングで得意なことをとことんとがらせる

夢をいくつも追いかければ、終わりのない人生を生きられる

自分は文系か理系か、大学で何を学ぶかを考えることは、人生で何がしたいのかという夢について考えることでもあります。夢をもち、それをかなえるために日々《ひび》できることをやることで、私たちは人生を実り豊かなものにすることができます。

その夢は、どんなものでもいいのです。プロのサッカー選手になりたいという夢があるのなら、その夢を追えばいい。ただ、サッカー選手は、なれる人の数がきわめて限られています。ある段階で、その夢は実現できないとわかるときがく

るかもしれません。

そのとき、サッカー選手になるという一つの夢しかもっていなければ、それがかなえられなかったとき、人生はそこで終わってしまいます。

でも、好きなものがいくつもあり、いろいろな夢をもっていたら、その一つを実現できなかった場合、別の夢に向かっていくことができます。サッカーは趣味《しゅみ》で続けながら、ゲーム制作の世界でプロになることをめざしてもいいのです。

夢には、実現できる確率の高いものと、そうでないものがあります。たとえば、プロのスポーツ選手や音楽家になるのは、非常に実現確率の低い夢です。それはむしろ、実現できなくて当たり前の夢なのですから、かなえられなくても落ち込《こ》む必要はまったくありません。

実現確率の低い夢をもってはいけないわけではなく、それとは別に、ある程度、確率の高い夢もいくつか用意しておけば、人生が終わることはないということです。

ですから、複数の夢を並行して追いかけましょう。運や社会状況《じょうきょう》など、自分でコントロールできない要因でうまくいかないことについては、いさぎよくあきらめて受け入れるべきです。それはあなたの責任ではありません。

一方で、自分自身の努力でなんとかなることについては、最大限の努力をすることが大切です。大学受験は、自分の努力しだいで望む結果を得られる可能性がかなり高いものです。できるかぎりの努力をして挑《いど》み、新たな夢のスタートラインに立ってほしいと思います。


Point!

実現できる確率が高い夢もいくつか用意する

維新《いしん》の時代を生き抜《ぬ》く力を身につけよう

私たちはいま、〝幕末〟を生きているようなものです。これまで地球上では、多くの生物が絶滅《ぜつめつ》し、適応したものだけが生き残る環境《かんきょう》の大変化が何度かありました。その社会環境《かんきょう》版ともいえるものの一つが、明治維新《いしん》です。

明治維新《いしん》によって、世の中はがらりと変わりました。それに匹敵《ひってき》する大きな変化が目前に迫《せま》っています。黒船のかわりにＡＩが到来《とうらい》し、人間の仕事の半分を奪《うば》っていく、すなわち社会のシステムが変わるということは、大量の仕事がなくなるということです。

明治維新《いしん》では、多くの武士が身分と仕事を失いました。現代の私たちは、明治維《い》新《しん》後の日本がどうなったかを知っていますが、当時の武士たちは、これから世の中がどう変わっていくのか、まったくわからないまま放り出され、生き抜《ぬ》いていくしかありませんでした。

同じことが、これから起ころうとしているのです。どう変わるのか見当のつかない世界に、私たちはいきなり放り出されるのです。そこで生き残るために必要なものは何かといえば、変化にタフに適応していく力にほかなりません。

未知の環境《かんきょう》で生き延びるには、命にかかわらない範囲《はんい》で失敗を重ね、試行錯誤《さくご》をくりかえしながら、徐々《じょじょ》に適応していくしかありません。失敗を恐《おそ》れず、いろいろなことを試す探究する力が重要なのです。

同時に、世の中の変化に際して、もっていると有利な技能があります。明治維《い》新《しん》では、それが英語だったわけですが、今後それに当てはまるのは、英語に加えて「数学＋プログラミング」です。

そして、もう一つ重要なのが、何度も述べてきたコミュニケーション力です。人の気持ちに寄り添《そ》い、心を支える役割は、これからも必要だからです。そうした仕事は人間にしかできないので、ＡＩの時代になっても、仕事を失うことはないでしょう。

いつかＡＩが意識をもつようになれば、そのような役割もＡＩを搭載《とうさい》したロボットにとって代わられるかもしれませんが、現時点ではその可能性は低いと考えられます。

人間の脳に意識が芽生えるメカニズムはまだ解明されておらず、それが解明されないかぎり、ＡＩに組み込《こ》むのは不可能だからです。

人類をはじめとする生物の意識が自然発生的なものだとすれば、いつかＡＩが自然発生的に意識をもつ可能性はあると思います。それは新たな生命体の誕生であり、人間がそれにどう対処するかは、そのときに考えるしかありません。
みなさんは、まわりを思いやるという、ＡＩにはない優れた能力をもっています。その能力を大切にしながら、さまざまなことを探究する意欲をもちつづけてほしいと思います。そして、これからの新しい時代を幸せに歩んでいかれることを願っています。

Point!

未知の環境《かんきょう》で生き延びるには、結局、探究する力が重要

Point!

Point!

Point!

第1章 竹内式◉いま知っておきたい勉強のポイント

- ▼大学受験のときに進む学部を決めるのは不合理
- ▼プロイセン型の画一教育では、これからは生き残れない
- ▼いまやりたい仕事は10年後にはなくなっているかも
- ▼今後20年でなくなる仕事をチェックしておこう
- ▼AIを管理する側にまわれば、仕事はいくらでもある
- ▼今後を切り開くためには、やはり数学が必要
- ▼数学が苦手なら、コミュニケーション力を磨《みが》いておこう
- ▼数学ができない人は、銀行員にも経営者にもなれない
- ▼暗記型の勉強しかしていない人は、将来生き残れない
- ▼自分で深く掘《ほ》り下げられる人は、時代の変化に適応できる
- ▼高校で探究型学習を始めると進路を決めやすくなる

▼ゲーム好きなら、ゲームをつくる側にまわろう
▼好きなことを見つけ、探究することが将来の決め手になる

第2章

▼大学入学後、別の学部・学科へ移ることも想定しておこう
▼まずは自分の好きなことを学べる学部を選ぶ
▼日々《ひび》のニュースのなかで気になる話題をとことん掘《ほ》り下げる
▼書店や図書館での本探しが知との出合いを生む
▼コンピュータ系と非コンピュータ系、グローバル系と国内系でしぼりこむ
▼「できること」を選ぶのは、選択《せんたく》基準としてベストではない

第3章

▼センター試験は基礎《きそ》学力を測るもの。力を入れすぎない
▼数学を克服《こくふく》するには参考書を一冊、完璧《かんぺき》に仕上げる
▼小説を一冊選んで、読めない漢字を洗い出そう
▼物理の勉強には微分《びぶん》積分のアプローチを取り入れると効果的

▼おもしろい歴史読み物を副読本として読み込《こ》む
▼日ごろから考えたことをレポートにまとめるクセをつける
▼毎日15分間、英語を声に出して読むだけで効果はある
▼いい人材を育てる意欲のない大学は淘汰《とうた》される

第4章

▼いくつもの選択肢《せんたくし》をもつと人生はとても楽になる
▼文系と理系の選択《せんたく》に悩《なや》んだら、理系を選ぶ
▼海外進学をすれば、変化に動じない適応力が身につく
▼ホームスクーリングで得意なことをとことんとがらせる
▼実現できる確率が高い夢もいくつか用意する
▼未知の環境《かんきょう》で生き延びるには、結局、探究する力が重要

資料編

学部系統の人気の変化と入試教科・科目の設定

P132～139：資料協力＝河合塾／P140～143：編集部にて作成

合格 学部系統の人気の変化①

世相

~2010

08 ・医学部定員増スタート
・リーマンショック

09 ・衆議院総選挙（民主党勝利）

~2015

11 ・東日本大震災
・九州新幹線が全線開通
・法科大学院で募集停止する大学が登場
・貿易収支が赤字に転落

12 ・東京スカイツリー開業
・「iPhone5」発売でスマホ普及が本格化
・衆議院総選挙（自民党勝利）第2次安倍内閣発足

13 ・東京オリンピック・パラリンピックの開催決定
・アベノミクスが流行語に

14 ・消費税率 8%へ引き上げ

15 ・現行教育課程による初年度入試
・北陸新幹線開業

~2018

16 ・国立大学の学部再編・改組相次ぐ
・イギリスが EU 離脱を表明
・人工知能(AI)に関する報道増加

17 ・ドナルド・トランプ氏がアメリカ大統領就任
・大学生就職内定率が調査以来過去最高値
・訪日外国人の数が過去最多

入試の傾向

2006~08年度入試
◉経済系・工学系の人気が上昇、資格系の人気が低下

理系・資格系人気

2009年度入試
◉理学系・農学系の人気が上昇
◉資格系学部の一部で人気復活

2010・11年度入試
◉医療・教育の資格系が高い人気
◉理系学部の人気が上昇

2012~14年度入試
◉理系受験生の増加が続き、文低理高が鮮明
◉医学科志願者が大幅増
◉工学部建築・土木・機械分野の人気が上昇

文*系人気復活

2015・16年度入試
◉国公立大学の人気が落ち着く
◉文高理低に転換、国際系が人気

2017年度入試
◉社会科学系と工学系(建築・情報)が人気
◉資格系の人気が落ち着く

2018年度入試
◉経済系・情報系が人気
◉農学系、医療・教育などの資格系は不人気

学部系統の人気の変化❷

国公立大学(前期日程)

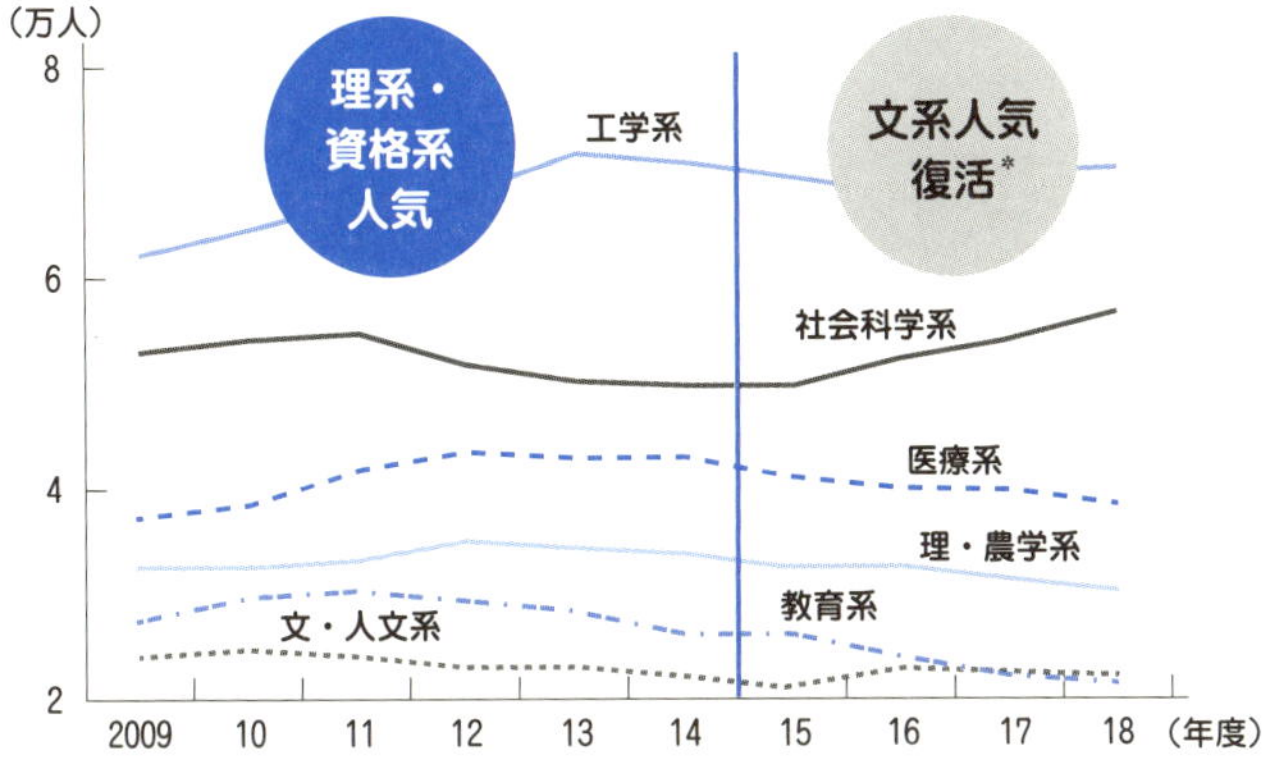

私立大学(一般入試)

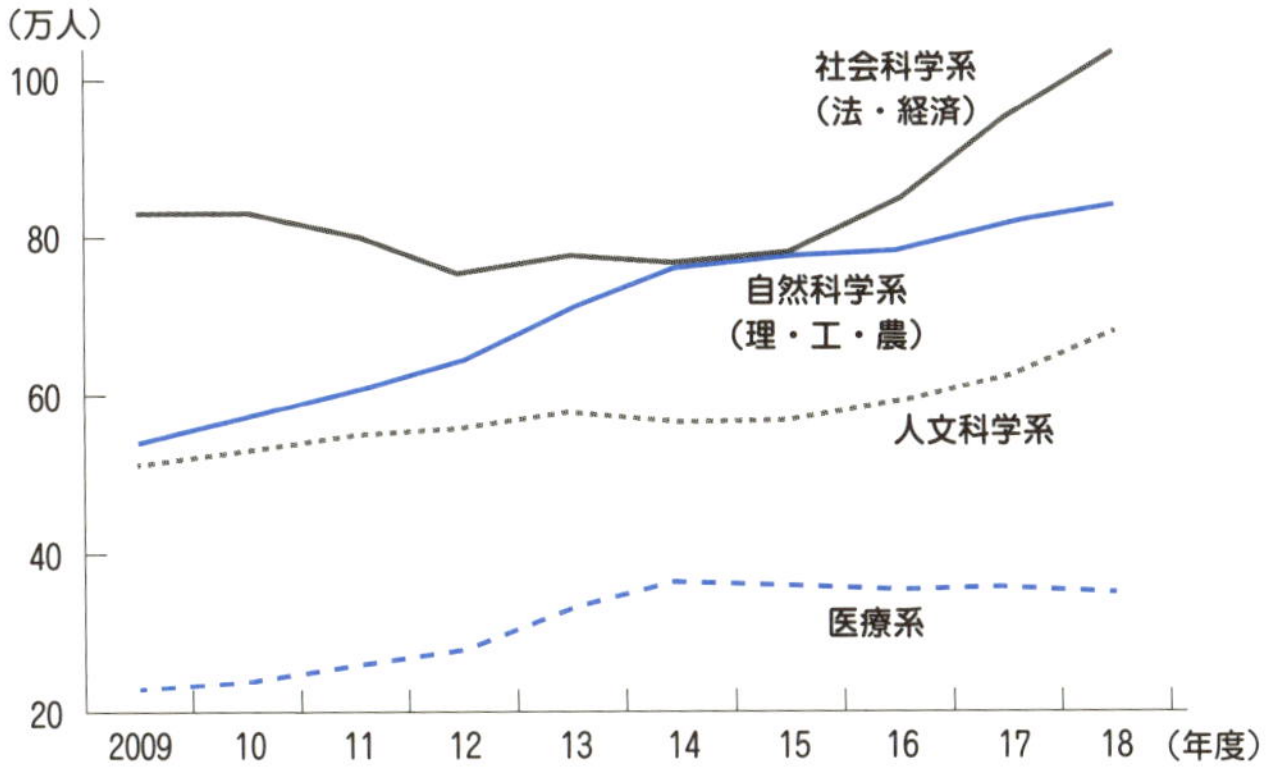

注)数値・系統の分類は、河合塾調べ。国公立大学は一般入試前期日程、私立大学は一般入試で集計。
*)おもに社会科学系の志願者増加による。

国立大学の新しい学部
（2016年度以降の新設学部）

- 宇都宮大学 地域デザイン科学部
- 千葉大学 国際教養学部
- 横浜国立大学 都市科学部
- 新潟大学 創生学部
- 富山大学 都市デザイン学部
- 福井大学 国際地域学部
- 名古屋大学 情報学部
- 滋賀大学 データサイエンス学部
- 神戸大学 国際人間科学部
- 広島大学 情報科学部
- 愛媛大学 社会共創学部
- 九州大学 共創学部
- 佐賀大学 芸術地域デザイン学部
- 宮崎大学 地域資源創成学部

「地域」「国際」「情報」がキーワード

◉P.135「入試教科・科目の設定」❶の大学入試センター試験についての編集部注

理①＝「理科の科目名称に『基礎』を付す科目群（物理基礎、化学基礎、生物基礎、地学基礎）」から2科目の解答が必須。ただし、基礎2科目で他の1科目に相当する時間配分、点数となるため、ここに掲載した河合塾資料では2科目を1科目分の扱いでとらえている。

また、受験生が理①で受験せず、理②のみで受験している場合がある。理②＝「理科の科目名称に『基礎』を付さない科目群（物理、化学、生物、地学）」であれば、1科目で出願可としている大学が多い。

資料編 ● 学部系統の人気の変化と入試教科・科目の設定

入試教科・科目の設定 ❶

国公立大学の基本形：文系学部

大学入試センター試験

5教科7科目　

＜文系受験生の理科①の選択状況＞

科目	人数
物理基礎	10,045人
化学基礎	80,734人
生物基礎	110,010人
地学基礎	41,648人

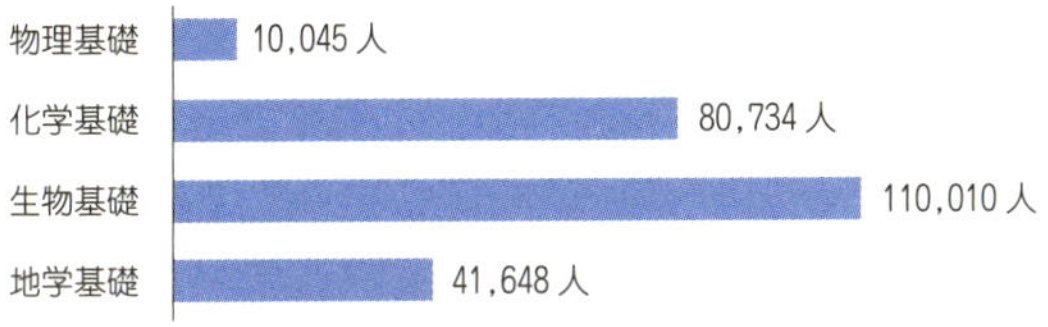

＜文系受験生の地理歴史・公民の選択状況＞

科目	人数
世界史B	70,089人
日本史B	123,993人
地理B	24,503人
現代社会	46,417人
倫理	12,888人
政治・経済	39,842人
倫理、政・経	28,021人

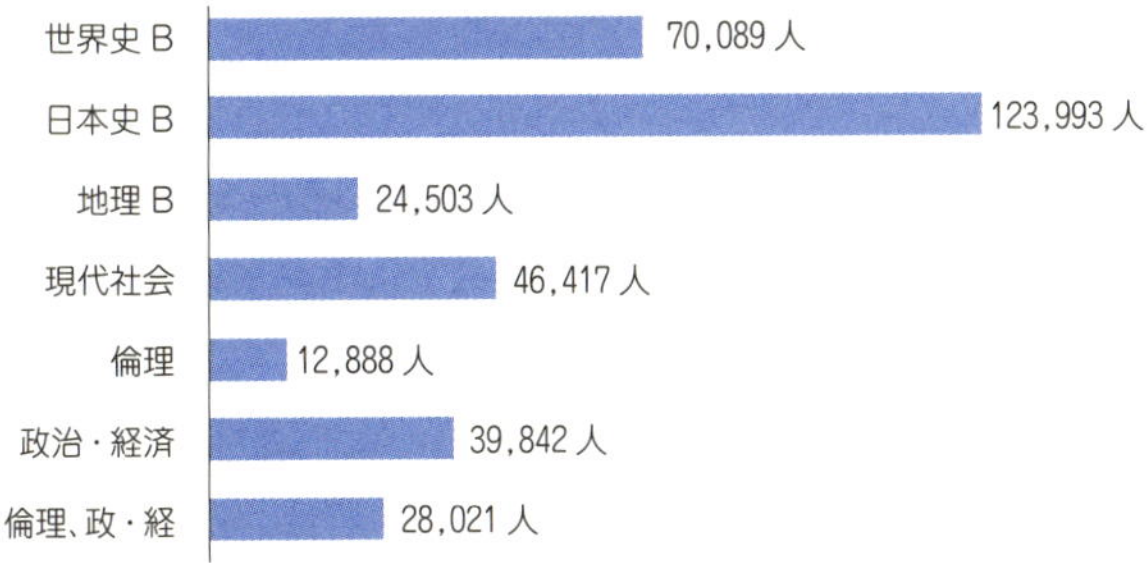

注）河合塾2018センター・リサーチより集計。
＊＊）理①＝理科の科目名称に「基礎」を付す科目群（物理基礎、化学基礎、生物基礎、地学基礎）。このなかから2科目を選択。

2次試験

英語・国語・（数学または地理歴史・公民）から1～3教科

注）後期日程を中心に小論文・総合問題・面接を課す大学も多い。
注）東京大学、京都大学など一部難関大学は4教科。

入試教科・科目の設定②

国公立大学の基本形：理系学部

大学入試センター試験

５教科７科目　外　数I・A　数II・B　国　理②***　理②***　地公

＜理系受験生の理科②の選択状況＞

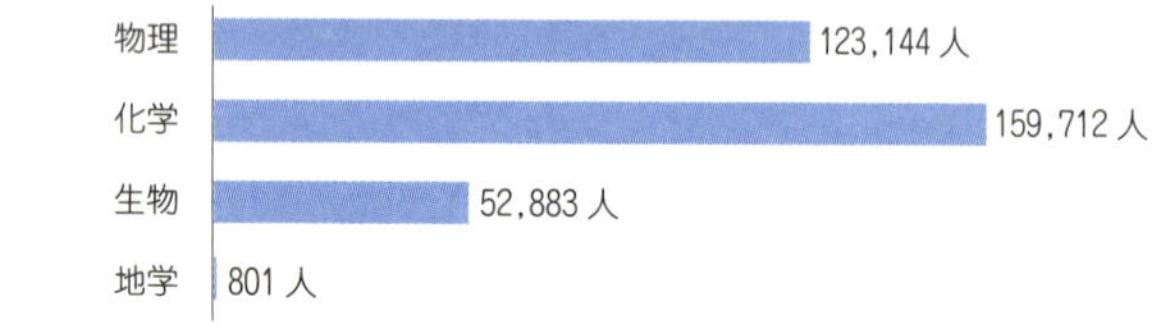

＜理系受験生の地理歴史・公民の選択状況＞

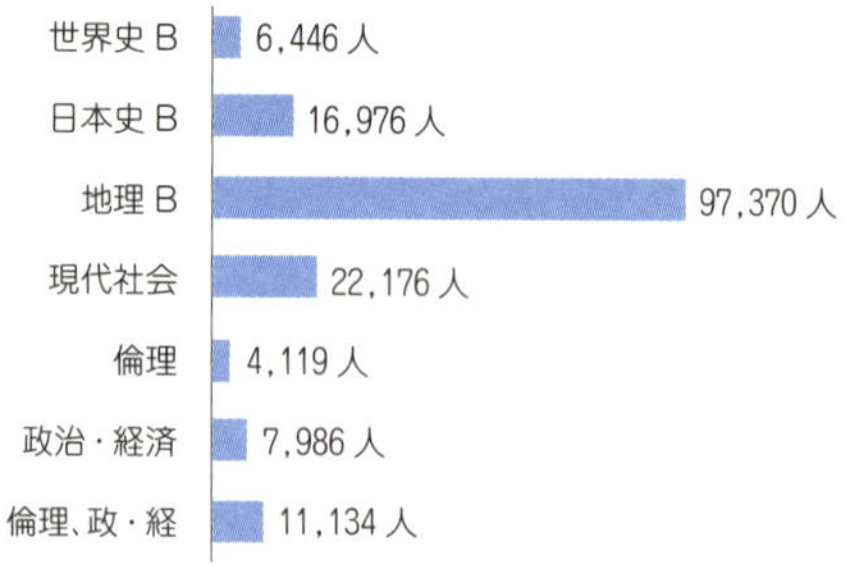

注）河合塾 2018 センター・リサーチより集計。
***）理②＝理科の科目名称に「基礎」を付さない科目群（物理、化学、生物、地学）。

２次試験

英語・数学・理科から２〜３教科

注）後期日程を中心に小論文・総合問題・面接を課す大学も多い。
注）東京大学、京都大学など一部難関大学は４教科。

入試教科・科目の設定❸

文系学部の基本形

国公立大学２次試験（前期日程）

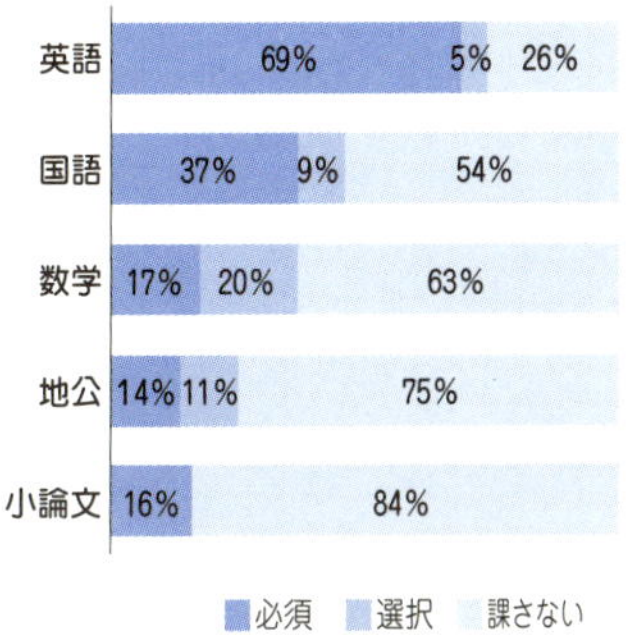

- 文・人文系学部は地理歴史・公民を課す大学が多い
- 経済系は数学必須が目立つ

地理歴史・公民を課す大学における科目別の設置率

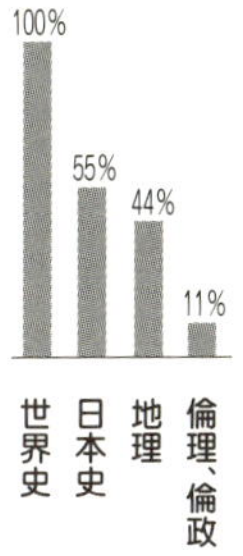

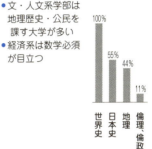

私立大学個別試験（センター試験利用方式を除く）

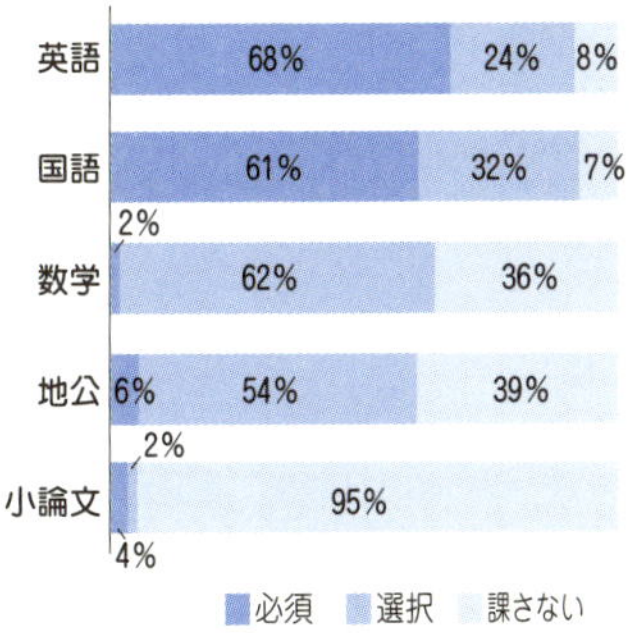

- 英・国必須が基本
- 数学と地理歴史・公民は選択科目として設置されているケースが多い

地理歴史・公民を課す大学における科目別の設置率

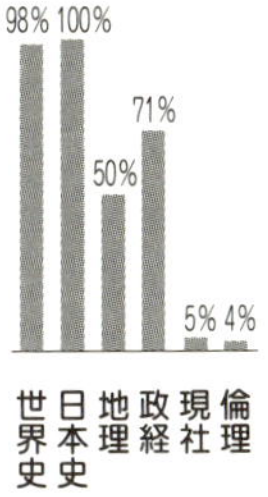

注）数値は河合塾調べ。「文・人文」「社会科学」系の 2018 年入試の状況を集計。

入試教科・科目の設定❹

数学の基本形

国公立大学２次試験（前期日程）

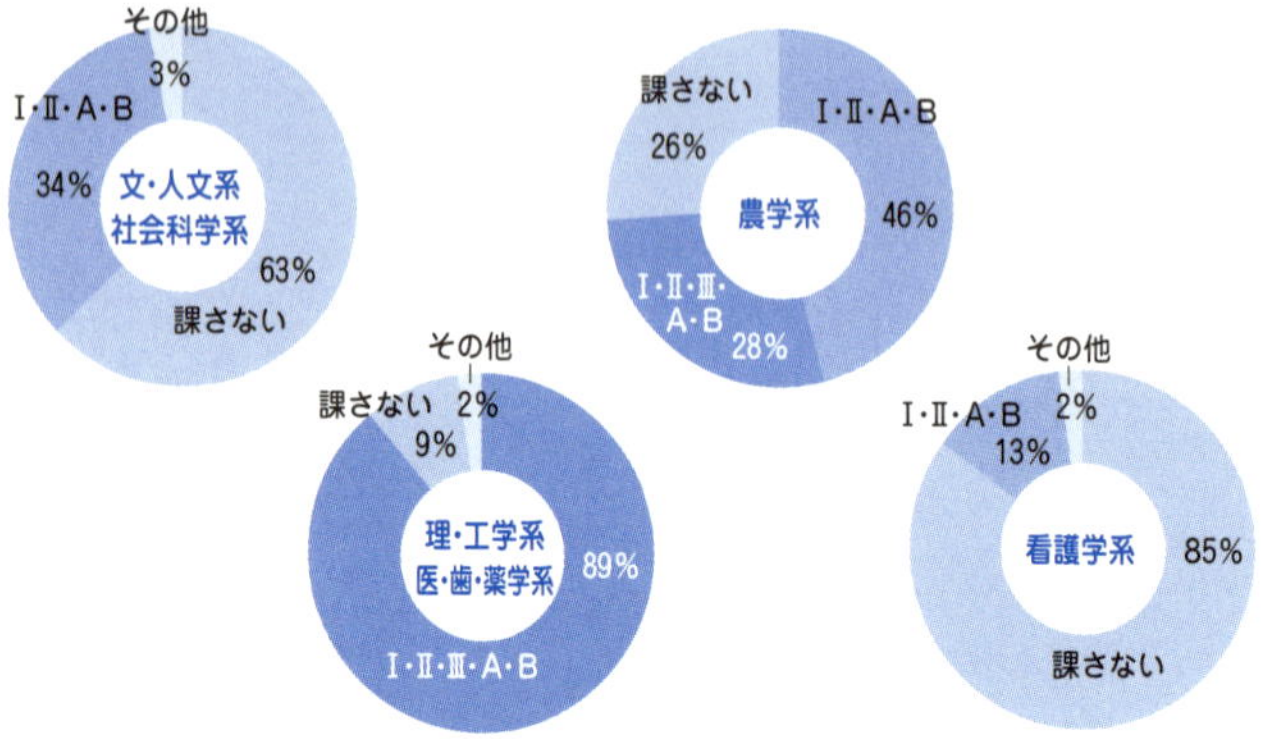

私立大学個別試験（センター試験利用方式を除く）

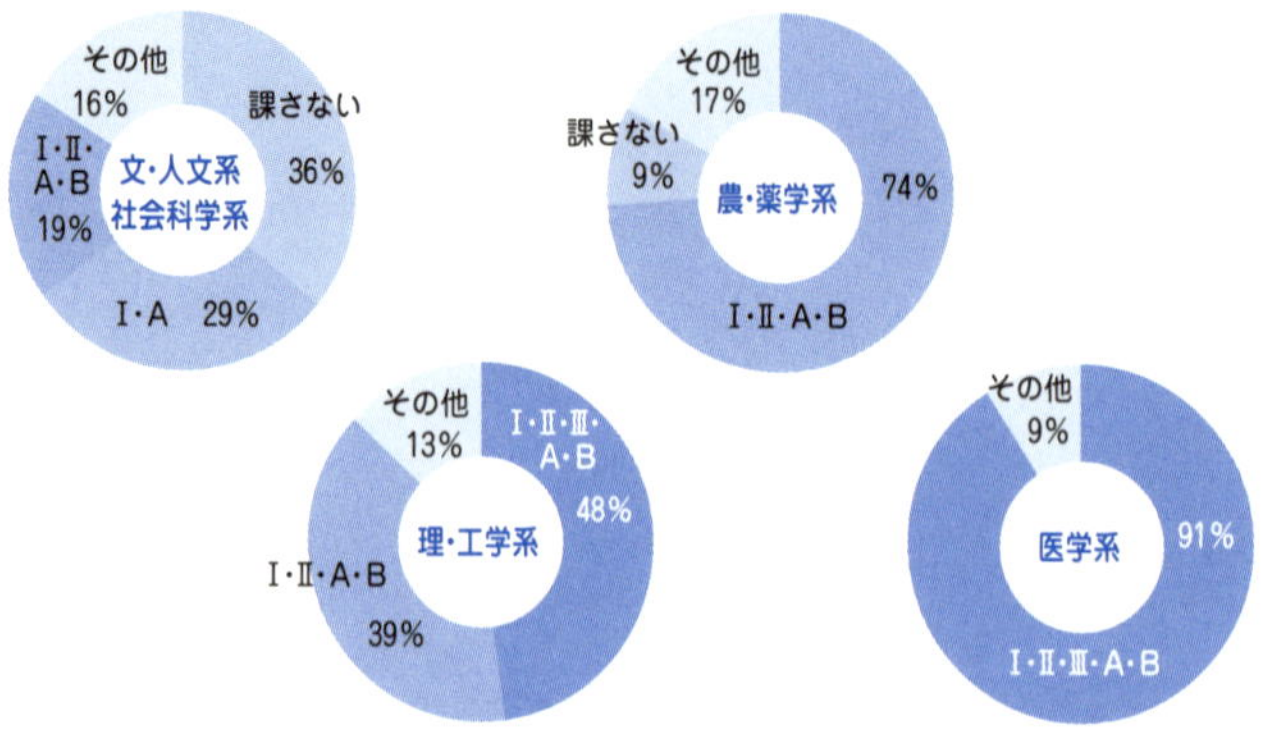

注）数値は河合塾調べ。2018年入試の状況を集計。

入試教科・科目の設定❺

理系・医療系学部における理科の基本形

国公立大学２次試験（前期日程）

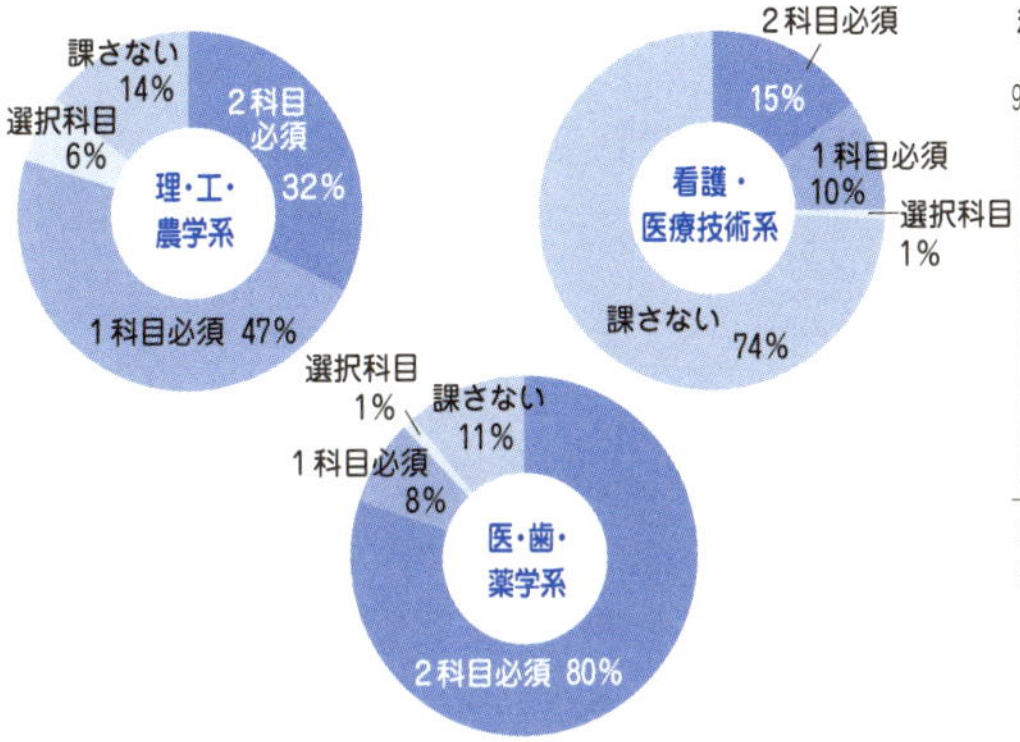

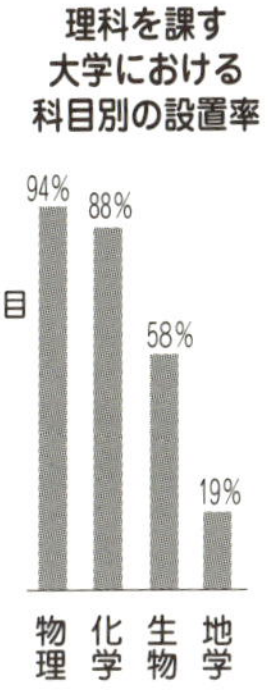

私立大学個別試験（センター試験利用方式を除く）

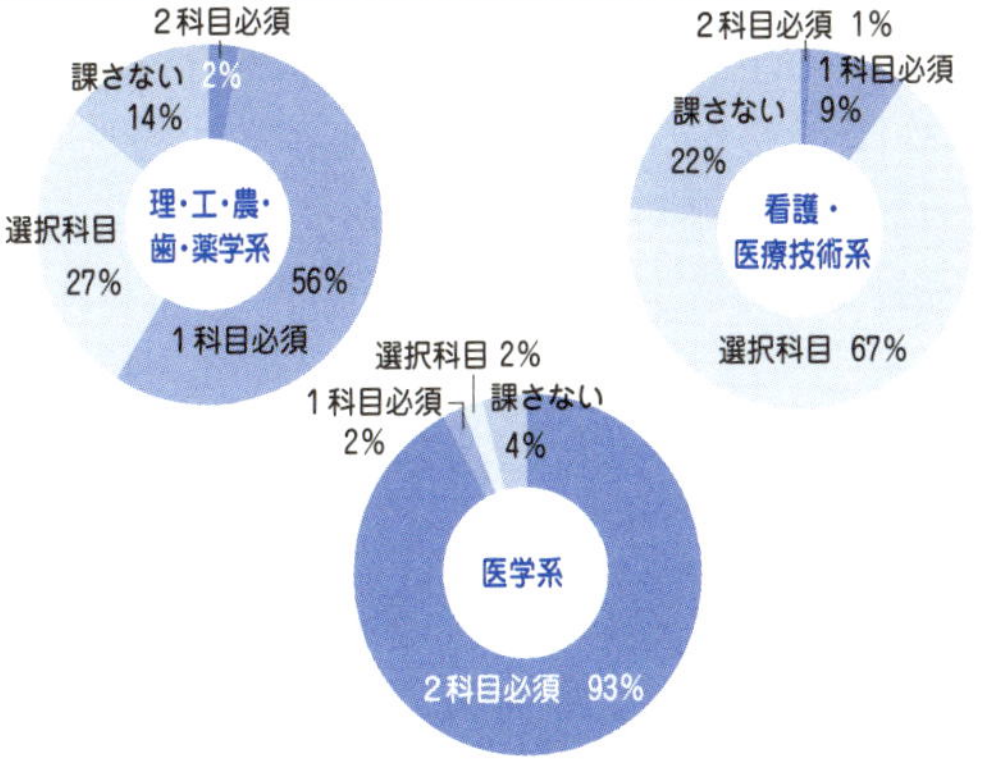

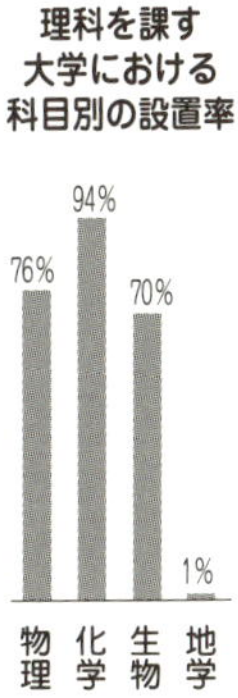

注）数値は河合塾調べ。2018 年入試の状況を集計。

国公立大学＜文系＞センター試験＋個別学力試験

センター試験の代表的なパターン＝7〜8科目

▶英語、国語、数学（2科目）、地理歴史・公民（2科目）、理科（1〜2科目）

◎数学について

▶数学Ⅰ・数学A（必須）と、数学Ⅱ・数学B、簿記・会計、情報関係基礎から1科目を選択（以上の科目から1科目を選択する大学もある）

◎地理歴史・公民について

▶世界史B、日本史B、地理B、倫理/政治・経済から2科目を選択（世界史A、日本史A、地理A、現代社会を含む大学もある）

◎理科について

▶物理基礎、化学基礎、生物基礎、地学基礎から2科目を選択（物理、化学、生物、地学から1科目を選択する大学もある）

個別学力試験の代表的なパターン＝3〜5科目

◎1〜2科目のケース

▶英語のみ1科目

▶国語、世界史または日本史の2科目

◎3科目のケース

▶英語、国語、数学、または、英語、国語、世界史B・日本史B・地理Bなどから1科目

◎4科目のケース

▶英語、国語、数学、世界史B・日本史B・地理Bから1科目

◎5科目のケース

▶英語、国語、数学、世界史B・日本史B・地理Bから2科目

国公立大学＜理系＞センター試験＋個別学力試験

センター試験の代表的なパターン=7科目

▶英語、国語、数学（2科目）、地理歴史・公民（1科目）、理科（2科目）

◎数学について

▶数Ⅰ・数学A（必須）と、数学Ⅱ・数学B、簿記・会計、情報関係基礎から1科目を選択

◎地理歴史・公民について

▶世界史B、日本史B、地理B、倫理/政治・経済から1科目を選択

◎理科について

▶物理、化学、生物、地学から2科目を選択

個別学力試験の代表的なパターン=4~5科目

▶英語、数学、理科（2科目）

◎数学について

▶数学Ⅰ、数学Ⅱ、数学Ⅲ、数学A、数学Bを併せて「数学」1科目とする（数学Ⅱ、数学Ⅲ、数学Bで「数学」1科目とする大学もある）。

◎理科について

▶物理基礎・物理、化学基礎・化学、生物基礎・生物、地学基礎・地学から2科目を選択。

▶医学部は、物理、化学、生物から2科目（地学の選択は不可）を選択。

▶薬学部は、化学必須が多い。

▶工学部は、物理、化学指定や物理必須が多い。

▶理学部は、物理学科で物理必須、化学科で化学必須、生物学科で生物必須など、入学後の専攻科目が必須となることが多い。

▶地学は選択できない大学が多い。

私立大学＜文系＞

代表的なパターン＝3科目

▶英語、国語、地理歴史・公民または数学

◉地理歴史・公民について

▶世界史B、日本史B、地理B、政治・経済から選択するケースが多い。倫理を可とする大学も少数ある。

▶文学部では、世界史Bと日本史Bから選択するケースもある（早稲田大学、慶應義塾大学など）。

◉数学について

▶**数学を選びたい人への注意**☞文学部や法学部は選択できないこともある（早稲田大学文学部、慶應義塾大学文学部／法学部、立教大学文学部など）。

▶**数学を選びたくない人への注意**☞事実上必須とするケースも少数ある（慶應義塾大学経済学部／商学部は、数学が要と不要の2パターンの受験方式があり、要パターンの募集人数が多い）。

文系・理系両方の受験パターン

▶教育学、心理学、総合科学の学部では、文系（英語、国語、地理歴史・公民または数学）と理系（英語、数学、理科）両方の受験パターンがあるケースもある（早稲田大学教育学部／人間科学部、同志社大学、立命館大学心理学部など）。

私立大学＜理系＞

代表的なパターン＝3科目

▶**英語、数学**（数Ⅲあり）、**理科**（物理基礎・物理、化学基礎・化学、生物基礎・生物から１科目を選択）

◎理科について

▶地学を選択することはほぼできない。

▶医学部は、理科２科目を選択。

▶理工学部のうち、早稲田大学（基幹理工学部・創造理工学部・先進理工学部）は理科２科目（指定または選択）、慶應義塾大学は物理・化学の２科目指定となる。

▶工学科、物理学科、化学科は、生物の選択を不可とするケースが多い。物理学科は物理指定、化学科は化学指定のケースもある。

▶薬学部は、化学を指定とするケースが多い（慶應義塾大学、日本大学、東京理科大学など）。

▶看護学部・学科は、化学、生物（物理は不可）から選択するケースが多い（東京慈恵会医科大学、慶應義塾大学、上智大学、順天堂大学など）。

▶農学部は、化学、生物（物理は不可）から選択するケースもある（明治大学など）。

▶食物学科は、化学、生物（物理は不可）から選択するケースもある（日本女子大学、東洋大学など）。

〈著者紹介〉

竹内　薫（たけうち・かおる）

1960年、東京都生まれ。東京大学理学部物理学科卒業。マギル大学大学院博士課程修了。理学博士。ノンフィクションとフィクションを股にかける、猫好きの科学作家。現在は妻子とともに横浜に在住。
著書に、『自分はバカかもしれないと思ったときに読む本』(河出書房新社)、『99.9%は仮説』(光文社)、『理系バカと文系バカ』『学年ビリから東大へ進み、作家になった私の勉強法』(共にPHP研究所)など多数。

装幀＝こやまたかこ
装画＝宮尾和孝
構成＝堀江令子
編集協力・組版＝月岡廣吉郎

YA心の友だちシリーズ

AI時代の進路の選び方
「文系？」「理系？」に迷ったら読む本

2019年3月1日　第1版第1刷発行

著　者　竹内　薫
発行者　後藤淳一
発行所　株式会社ＰＨＰ研究所
東京本部　〒135-8137　江東区豊洲5-6-52
児童書出版部　☎03-3520-9635(編集)
普及部　☎03-3520-9630(販売)
京都本部　〒601-8411　京都市南区西九条北ノ内町11
PHP INTERFACE　https://www.php.co.jp/

印刷所　共同印刷株式会社
製本所　東京美術紙工協業組合

ISBN978-4-569-78841-8

NDC370 143p 20cm